Das Tagebuch für meine Seele

Selbsthilfe

gegen Stress,

Depression und Burnout

– zum Ausfüllen und Ankreuzen –

Doreen Schmidt

Impressum

Alle Rechte vorbehalten.

Copyright Doreen Schmidt

Dosdorf 12

99310 Arnstadt

Mail: doreenschmidt439@gmail.com

© 2021
Herstellung und Verlag:
BoD – Books on Demand, Norderstedt
ISBN: 978-3-7347-4501-0

Dieses Buch gehört:

Herzlich willkommen zu

Deinem persönlichen Tagebuch

für die Seele.

In unserer heutigen hektischen Zeit, hat man eher selten die Möglichkeit kurz inne zu halten und sich für einen Moment nur auf sich zu konzentrieren. Vor allen Dingen nimmt man sich nicht die Zeit dafür. Dies kann durch viele andere Umstände einer der Hauptgründe sein, an Depressionen oder einem Burnout zu erkranken.

Dieses Buch soll dagegen Abhilfe schaffen....

Es ist an all diejenigen gerichtet, die sich gestresst und unzufrieden fühlen und nicht wissen warum. Es ist auch für diejenige, die unter einer Depression oder unter einem Burnout leiden. Es soll dabei helfen seine Gedanken und

Gefühle zu strukturieren, zu ordnen und damit dem inneren Chaos ein Ende zu setzen.

Wie dieses Buch entstanden ist

Die Entstehung des Tagebuches basiert auf meinen eigenen, langjährigen Erfahrungen. Ich bin psychisch krank und leide unter anderem an einer chronischen Depression. Immer wieder war ich auf der Suche nach einem Hilfsmittel, mit dem ich meinen Tag sinnvoll strukturieren kann und dabei gleichzeitig auch meine Gedanken und Gefühle reflektieren kann. Es gibt zahlreiche Tagebücher auf dem Markt, aber ich fand keines, das wirklich komplett auf meine Bedürfnisse zugeschnitten war. Das war für mich der Grund dafür, mir mein eigenes Tagebuch „masszuschneidern". Ich wünschte mir auch anderen zu helfen und an meinen

Ideen teilzuhaben und kam deshalb auf die Idee ein eigenes Buch darüber zu erstellen.

Zum Inhalt des Tagebuches

Am schwierigsten war und ist für mich bis heute mein eigener Antrieb, der stets verhindert, auch das umzusetzen was ich mir vorgenommen habe. Dabei habe ich vor allen Dingen gelernt, das man sich meistens zu viel auf einmal vornimmt und daher schnell von sich enttäuscht ist und dann schnell schwer frustriert. Das Buch soll Dich bei diesen Problemen unterstützen. Es geht auf Deine Gefühle und Gedanken ein und schafft Struktur und Klarheit über Dich selbst. Es motiviert dazu den Tag zu geniessen und die eigenen Gedanken auch auf die positiven Dinge zu fokussieren. Es schafft Ordnung in Deine Unternehmungen und Termine und weist Dich auch auf Pausen hin, um sich nicht zu übernehmen.

Am Ende findest Du noch Raum für eine Pro und Kontraliste, die dir helfen soll Deine Grübeleien zu beenden.

Ein neuer Tag beginnt........

Datum _____   Heute aufgestanden um _____Uhr

Wochentag _____   Schlafdauer insgesamt_____Stunden

So habe ich geschlafen: gut oder   schlecht, weil ich

- ☐ Alpträume   hatte
- ☐ Einschlafstörungen
- ☐ Durchschlaftstörungen
- ☐ Früherwachen

So fühle ich mich im Moment:

- ☐ Energie ___ / 10   Anspannung   ___ / 10
- ☐ Freude ___ / 10   Traurigkeit ___ / 10
- ☐ Antrieb ___ / 10   Verzweiflung ___ / 10

Ich bin stolz auf mich weil;

_____

_____

_____

_____

Diese drei Dinge würde ich heute gern schaffen:

1._____ Dringlichkeit ___/10

2._____ Dringlichkeit ___/10

3._____ Dringlichkeit ___/10

Nummer .... ist am Dringlichsten weil,

_____

_____

Wenn ich das erledigt habe, gönne ich mir etwas Gutes:

_____

_____

Ausserdem sind heute meine festen Termine:

Zeit	Um was geht es?	Zeit	Um was geht es?
_____	_____	_____	_____
Zeit	Um was geht es?	Zeit	Um was geht es?
_____	_____	_____	_____
Zeit	Um was geht es?	Zeit	Um was geht es?
_____	_____	_____	_____
Zeit	Um was geht es?	Zeit	Um was geht es?
_____	_____	_____	_____

Ich werde zu diesen Zeitpunkten Pause machen:

Vormittag von _____ Uhr bis _____Uhr

Mittag von _____ Uhr bis _____Uhr

Nachmittag von _____ Uhr bis _____Uhr

Um diese Zeit werde ich aufhören zu Arbeiten oder Pflichten zu erledigen, dafür läute ich um _____ Uhr den Feierabend ein.

Das werde ich heute Abend machen um mich zu erholen und zu entspannen:

_____

_____

_____

_____

_____

Raum für Gedanken und Notizen:

_____

_____

_____

_____

_____

Es ist Abend, der Tag neigt sich dem Ende zu....

Das habe ich heute tatsächlich gemacht:

_____   _____

_____   _____

_____   _____

_____   _____

Ich habe mich heute gefreut über:

_____

_____

_____

Darüber habe ich mich heute geärgert:

_____

_____

_____

Hier hätte ich „Nein" sagen müssen, weil ich nicht an mich gedacht habe:

_____

_____

_____

_____

_____

_____

Wann ging es mir heute besonders gut und warum?

_____

_____

_____

_____

Auf was ich mich morgen freue:

_____

_____

_____

_____

Das werde ich morgen anders machen als heute:

_____

_____

_____

So fühle ich mich im Moment:

☐ Energie ___ / 10   Anspannung   ___ / 10

☐ Freude ___ / 10   Traurigkeit   ___ / 10

☐ Antrieb ___ / 10   Verzweiflung ___ / 10

Das hat mich heute gedanklich am meisten beschäftigt:

_____

_____

_____

_____

_____

_____

_____

_____

_____

_____

...und diese Gedanken lasse ich jetzt an mir vorbeiziehen, weil ich auch morgen noch darüber nachdenken kann.

Ein neuer Tag beginnt........

Datum _____   Heute aufgestanden um _____Uhr

Wochentag _____   Schlafdauer insgesamt_____Stunden

So habe ich geschlafen: gut oder   schlecht, weil ich

- ☐ Alpträume   hatte
- ☐ Einschlafstörungen
- ☐ Durchschlaftstörungen
- ☐ Früherwachen

So fühle ich mich im Moment:

- ☐ Energie ___ / 10   Anspannung ___ / 10
- ☐ Freude ___ / 10   Traurigkeit ___ / 10
- ☐ Antrieb ___ / 10   Verzweiflung ___ / 10

Ich bin stolz auf mich weil;

_____

_____

_____

_____

Diese drei Dinge würde ich heute gern schaffen:

1._____ Dringlichkeit ____/10

2._____ Dringlichkeit ____/10

3._____ Dringlichkeit ____/10

Nummer .... ist am Dringlichsten weil,

_____

_____

Wenn ich das erledigt habe, gönne ich mir etwas Gutes:

_____

_____

Ausserdem sind heute meine festen Termine:

Zeit	Um was geht es?	Zeit	Um was geht es?
_____	_____	_____	_____
Zeit	Um was geht es?	Zeit	Um was geht es?
_____	_____	_____	_____
Zeit	Um was geht es?	Zeit	Um was geht es?
_____	_____	_____	_____
Zeit	Um was geht es?	Zeit	Um was geht es?
_____	_____	_____	_____

Ich werde zu diesen Zeitpunkten Pause machen:

Vormittag von _____ Uhr bis _____Uhr

Mittag von _____ Uhr bis _____Uhr

Nachmittag von _____ Uhr bis _____Uhr

Um diese Zeit werde ich aufhören zu Arbeiten oder Pflichten zu erledigen, dafür läute ich um _____ Uhr den Feierabend ein.

Das werde ich heute Abend machen um mich zu erholen und zu entspannen:

_____

_____

_____

_____

_____

Raum für Gedanken und Notizen:

_____

_____

_____

_____

_____

Es ist Abend, der Tag
neigt sich dem Ende zu....

Das habe ich heute tatsächlich gemacht:

_____   _____

_____   _____

_____   _____

_____   _____

Ich habe mich heute gefreut über:

_____

_____

_____

Darüber habe ich mich heute geärgert:

_____

_____

_____

Hier hätte ich „Nein" sagen müssen, weil ich nicht an mich gedacht habe:

_____

_____

_____

_____

_____

_____

Wann ging es mir heute besonders gut und warum?

_____

_____

_____

_____

Auf was ich mich morgen freue:

_____

_____

_____

_____

Das werde ich morgen anders machen als heute:

_____

_____

_____

So fühle ich mich im Moment:

☐ Energie ___ / 10   Anspannung ___ / 10

☐ Freude ___ / 10   Traurigkeit ___ / 10

☐ Antrieb ___ / 10   Verzweiflung ___ / 10

Das hat mich heute gedanklich am meisten beschäftigt:

_____

_____

_____

_____

_____

_____

_____

_____

_____

_____

...und diese Gedanken lasse ich jetzt an mir vorbeiziehen, weil ich auch morgen noch darüber nachdenken kann.

Ein neuer Tag beginnt........

Datum _____   Heute aufgestanden um _____Uhr

Wochentag _____   Schlafdauer insgesamt_____Stunden

So habe ich geschlafen: gut oder   schlecht, weil ich

- ☐ Alpträume   hatte
- ☐ Einschlafstörungen
- ☐ Durchschlaftstörungen
- ☐ Fröherwachen

So fühle ich mich im Moment:

- ☐ Energie ___ / 10   Anspannung   ___ / 10
- ☐ Freude ___ / 10   Traurigkeit   ___ / 10
- ☐ Antrieb ___ / 10   Verzweiflung   ___ / 10

Ich bin stolz auf mich weil;

_____

_____

_____

_____

Diese drei Dinge wörde ich heute gern schaffen:

1._____   Dringlichkeit ___/10

2._____ Dringlichkeit ___/10

3._____ Dringlichkeit ___/10

Nummer .... ist am Dringlichsten weil,

_____

_____

Wenn ich das erledigt habe, gönne ich mir etwas Gutes:

_____

_____

Ausserdem sind heute meine festen Termine:

Zeit	Um was geht es?	Zeit	Um was geht es?
_____	_____	_____	_____
Zeit	Um was geht es?	Zeit	Um was geht es?
_____	_____	_____	_____
Zeit	Um was geht es?	Zeit	Um was geht es?
_____	_____	_____	_____
Zeit	Um was geht es?	Zeit	Um was geht es?
_____	_____	_____	_____

Ich werde zu diesen Zeitpunkten Pause machen:

Vormittag von _____ Uhr bis _____ Uhr

Mittag von _____ Uhr bis _____ Uhr

Nachmittag von _____ Uhr bis _____ Uhr

Um diese Zeit werde ich aufhören zu Arbeiten oder Pflichten zu erledigen,
dafür läute ich um _____ Uhr den Feierabend ein.

Das werde ich heute Abend machen um mich zu erholen und zu entspannen:

_____
_____
_____
_____
_____

Raum für Gedanken und Notizen:

_____
_____
_____
_____
_____

Es ist Abend, der Tag

neigt sich dem Ende zu....

Das habe ich heute tatsächlich gemacht:

_____ _____

_____ _____

_____ _____

_____ _____

Ich habe mich heute gefreut über:

_____

_____

_____

Darüber habe ich mich heute geärgert:

_____

_____

_____

Hier hätte ich „Nein" sagen müssen, weil ich nicht an mich gedacht habe:

_____

_____

_____

_____

_____

_____

Wann ging es mir heute besonders gut und warum?

_____

_____

_____

_____

Auf was ich mich morgen freue:

_____

_____

_____

_____

Das werde ich morgen anders machen als heute:

_____

_____

_____

So fühle ich mich im Moment:

☐ Energie ___ / 10   Anspannung   ___ / 10
☐ Freude ___ / 10   Traurigkeit   ___ / 10
☐ Antrieb ___ / 10   Verzweiflung ___ / 10

Das hat mich heute gedanklich am meisten beschäftigt:

_____

_____

_____

_____

_____

_____

_____

_____

_____

_____

_____

...und diese Gedanken lasse ich jetzt an mir vorbeiziehen, weil ich auch morgen noch darüber nachdenken kann.

Ein neuer Tag beginnt........

Datum _____   Heute aufgestanden um _____Uhr

Wochentag _____   Schlafdauer insgesamt_____Stunden

So habe ich geschlafen: gut oder   schlecht, weil ich

- ☐ Alpträume   hatte
- ☐ Einschlafstörungen
- ☐ Durchschlaftstörungen
- ☐ Früherwachen

So fühle ich mich im Moment:

☐ Energie ___ / 10	Anspannung	___ / 10
☐ Freude ___ / 10	Traurigkeit	___ / 10
☐ Antrieb ___ / 10	Verzweiflung	___ / 10

Ich bin stolz auf mich weil;

_____

_____

_____

_____

Diese drei Dinge würde ich heute gern schaffen:

1._____ Dringlichkeit ____/10

2._____ Dringlichkeit ____/10

3._____ Dringlichkeit ____/10

Nummer .... ist am Dringlichsten weil,

_____

_____

Wenn ich das erledigt habe, gönne ich mir etwas Gutes:

_____

_____

Ausserdem sind heute meine festen Termine:

Zeit	Um was geht es?	Zeit	Um was geht es?
_____	_____	_____	_____
Zeit	Um was geht es?	Zeit	Um was geht es?
_____	_____	_____	_____
Zeit	Um was geht es?	Zeit	Um was geht es?
_____	_____	_____	_____
Zeit	Um was geht es?	Zeit	Um was geht es?
_____	_____	_____	_____

Ich werde zu diesen Zeitpunkten Pause machen:

Vormittag von _____ Uhr bis _____Uhr

Mittag von _____ Uhr bis _____Uhr

Nachmittag von _____ Uhr bis _____Uhr

Um diese Zeit werde ich aufhören zu Arbeiten oder Pflichten zu erledigen,
dafür läute ich um _____ Uhr den Feierabend ein.

Das werde ich heute Abend machen um mich zu erholen und zu entspannen:

_____

_____

_____

_____

_____

Raum für Gedanken und Notizen:

_____

_____

_____

_____

_____

Es ist Abend, der Tag
neigt sich dem Ende zu....

Das habe ich heute tatsächlich gemacht:

_____   _____

_____   _____

_____   _____

_____   _____

Ich habe mich heute gefreut über:

_____

_____

_____

Darüber habe ich mich heute geärgert:

_____

_____

_____

Hier hätte ich „Nein" sagen müssen, weil ich nicht an mich gedacht habe:

_____
_____
_____
_____
_____
_____

Wann ging es mir heute besonders gut und warum?

_____
_____
_____
_____

Auf was ich mich morgen freue:

_____
_____
_____
_____

Das werde ich morgen anders machen als heute:

_____
_____
_____

So fühle ich mich im Moment:

☐ Energie ___ / 10   Anspannung   ___ / 10

☐ Freude ___ / 10   Traurigkeit   ___ / 10

☐ Antrieb ___ / 10   Verzweiflung ___ / 10

Das hat mich heute gedanklich am meisten beschäftigt:

_____

_____

_____

_____

_____

_____

_____

_____

_____

_____

_____

...und diese Gedanken lasse ich jetzt an mir vorbeiziehen, weil ich auch morgen noch darüber nachdenken kann.

Ein neuer Tag beginnt........

Datum _____   Heute aufgestanden um _____Uhr

Wochentag _____   Schlafdauer insgesamt_____Stunden

So habe ich geschlafen: gut oder   schlecht, weil ich

- ☐ Alpträume   hatte
- ☐ Einschlafstörungen
- ☐ Durchschlaftstörungen
- ☐ Früherwachen

So fühle ich mich im Moment:

- ☐ Energie ___ / 10   Anspannung   ___ / 10
- ☐ Freude ___ / 10   Traurigkeit   ___ / 10
- ☐ Antrieb ___ / 10   Verzweiflung ___ / 10

Ich bin stolz auf mich weil;

_____

_____

_____

_____

Diese drei Dinge würde ich heute gern schaffen:

1._____ Dringlichkeit ____/10

2._____ Dringlichkeit ____/10

3._____ Dringlichkeit ____/10

Nummer .... ist am Dringlichsten weil,

_____

_____

Wenn ich das erledigt habe, gönne ich mir etwas Gutes:

_____

_____

Ausserdem sind heute meine festen Termine:

Zeit	Um was geht es?	Zeit	Um was geht es?
_____	_____	_____	_____
Zeit	Um was geht es?	Zeit	Um was geht es?
_____	_____	_____	_____
Zeit	Um was geht es?	Zeit	Um was geht es?
_____	_____	_____	_____
Zeit	Um was geht es?	Zeit	Um was geht es?
_____	_____	_____	_____

Ich werde zu diesen Zeitpunkten Pause machen:

Vormittag von _____ Uhr bis _____Uhr

Mittag von _____ Uhr bis _____Uhr

Nachmittag von _____ Uhr bis _____Uhr

Um diese Zeit werde ich aufhören zu Arbeiten oder Pflichten zu erledigen, dafür läute ich um _____ Uhr den Feierabend ein.

Das werde ich heute Abend machen um mich zu erholen und zu entspannen:

_____

_____

_____

_____

_____

Raum für Gedanken und Notizen:

_____

_____

_____

_____

_____

Es ist Abend, der Tag
neigt sich dem Ende zu....

Das habe ich heute tatsächlich gemacht:

_____   _____

_____   _____

_____   _____

_____   _____

Ich habe mich heute gefreut über:

_____

_____

_____

Darüber habe ich mich heute geärgert:

_____

_____

_____

Hier hätte ich „Nein" sagen müssen, weil ich nicht an mich gedacht habe:

_____

_____

_____

_____

_____

_____

Wann ging es mir heute besonders gut und warum?

_____

_____

_____

_____

Auf was ich mich morgen freue:

_____

_____

_____

_____

Das werde ich morgen anders machen als heute:

_____

_____

_____

So fühle ich mich im Moment:

☐ Energie ___ / 10   Anspannung ___ / 10

☐ Freude ___ / 10   Traurigkeit ___ / 10

☐ Antrieb ___ / 10   Verzweiflung ___ / 10

Das hat mich heute gedanklich am meisten beschäftigt:

_____

_____

_____

_____

_____

_____

_____

_____

_____

_____

_____

...und diese Gedanken lasse ich jetzt an mir vorbeiziehen, weil ich auch morgen noch darüber nachdenken kann.

Ein neuer Tag beginnt........

Datum _____   Heute aufgestanden um _____Uhr

Wochentag _____   Schlafdauer insgesamt_____Stunden

So habe ich geschlafen: gut oder   schlecht, weil ich

- ☐ Alpträume   hatte
- ☐ Einschlafstörungen
- ☐ Durchschlaftstörungen
- ☐ Früherwachen

So fühle ich mich im Moment:

- ☐ Energie ___ / 10   Anspannung   ___ / 10
- ☐ Freude ___ / 10   Traurigkeit   ___ / 10
- ☐ Antrieb ___ / 10   Verzweiflung ___ / 10

Ich bin stolz auf mich weil;

_____

_____

_____

_____

Diese drei Dinge würde ich heute gern schaffen:

1._____ Dringlichkeit ____/10

2._____ Dringlichkeit ____/10

3._____ Dringlichkeit ____/10

Nummer .... ist am Dringlichsten weil,

_____

_____

Wenn ich das erledigt habe, gönne ich mir etwas Gutes:

_____

_____

Ausserdem sind heute meine festen Termine:

Zeit	Um was geht es?	Zeit	Um was geht es?
_____	_____	_____	_____
Zeit	Um was geht es?	Zeit	Um was geht es?
_____	_____	_____	_____
Zeit	Um was geht es?	Zeit	Um was geht es?
_____	_____	_____	_____
Zeit	Um was geht es?	Zeit	Um was geht es?
_____	_____	_____	_____

Ich werde zu diesen Zeitpunkten Pause machen:

Vormittag von _____ Uhr bis _____Uhr

Mittag von _____ Uhr bis _____Uhr

Nachmittag von _____ Uhr bis _____Uhr

Um diese Zeit werde ich aufhören zu Arbeiten oder Pflichten zu erledigen, dafür läute ich um _____ Uhr den Feierabend ein.

Das werde ich heute Abend machen um mich zu erholen und zu entspannen:

_____

_____

_____

_____

_____

Raum für Gedanken und Notizen:

_____

_____

_____

_____

_____

Es ist Abend, der Tag
neigt sich dem Ende zu....

Das habe ich heute tatsächlich gemacht:

_____   _____
_____   _____

_____   _____
_____   _____

Ich habe mich heute gefreut über:

_____
_____
_____

Darüber habe ich mich heute geärgert:

_____
_____
_____

Hier hätte ich „Nein" sagen müssen, weil ich nicht an mich gedacht habe:

_____

_____

_____

_____

_____

_____

Wann ging es mir heute besonders gut und warum?

_____

_____

_____

_____

Auf was ich mich morgen freue:

_____

_____

_____

_____

Das werde ich morgen anders machen als heute:

_____

_____

_____

So fühle ich mich im Moment:

- ☐ Energie ___ / 10   Anspannung   ___ / 10
- ☐ Freude ___ / 10   Traurigkeit   ___ / 10
- ☐ Antrieb ___ / 10   Verzweiflung   ___ / 10

Das hat mich heute gedanklich am meisten beschäftigt:

_____

_____

_____

_____

_____

_____

_____

_____

_____

_____

_____

...und diese Gedanken lasse ich jetzt an mir vorbeiziehen, weil ich auch morgen noch darüber nachdenken kann.

Ein neuer Tag beginnt........

Datum _____   Heute aufgestanden um _____Uhr

Wochentag _____   Schlafdauer insgesamt_____Stunden

So habe ich geschlafen: gut oder   schlecht, weil ich

☐ Alpträume   hatte

☐ Einschlafstörungen

☐ Durchschlaftstörungen

☐ Früherwachen

So fühle ich mich im Moment:

☐ Energie ___ / 10   Anspannung   ___ / 10

☐ Freude ___ / 10   Traurigkeit   ___ / 10

☐ Antrieb ___ / 10   Verzweiflung   ___ / 10

Ich bin stolz auf mich weil;

_____

_____

_____

_____

Diese drei Dinge würde ich heute gern schaffen:

1._____ Dringlichkeit ___/10

2._____ Dringlichkeit ___/10

3._____ Dringlichkeit ___/10

Nummer .... ist am Dringlichsten weil,

_____

_____

Wenn ich das erledigt habe, gönne ich mir etwas Gutes:

_____

_____

Ausserdem sind heute meine festen Termine:

Zeit	Um was geht es?	Zeit	Um was geht es?
_____	_____	_____	_____

Zeit	Um was geht es?	Zeit	Um was geht es?
_____	_____	_____	_____

Zeit	Um was geht es?	Zeit	Um was geht es?
_____	_____	_____	_____

Zeit	Um was geht es?	Zeit	Um was geht es?
_____	_____	_____	_____

Ich werde zu diesen Zeitpunkten Pause machen:

Vormittag von _____ Uhr bis _____Uhr

Mittag von _____ Uhr bis _____Uhr

Nachmittag von _____ Uhr bis _____Uhr

Um diese Zeit werde ich aufhören zu Arbeiten oder Pflichten zu erledigen, dafür läute ich um _____ Uhr den Feierabend ein.

Das werde ich heute Abend machen um mich zu erholen und zu entspannen:

_____

_____

_____

_____

_____

Raum für Gedanken und Notizen:

_____

_____

_____

_____

_____

Es ist Abend, der Tag
neigt sich dem Ende zu....

Das habe ich heute tatsächlich gemacht:

_____   _____

_____   _____

_____   _____

_____   _____

Ich habe mich heute gefreut über:

_____

_____

_____

Darüber habe ich mich heute geärgert:

_____

_____

_____

Hier hätte ich „Nein" sagen müssen, weil ich nicht an mich gedacht habe:

_____
_____
_____
_____
_____
_____

Wann ging es mir heute besonders gut und warum?

_____
_____
_____
_____

Auf was ich mich morgen freue:

_____
_____
_____
_____

Das werde ich morgen anders machen als heute:

_____
_____
_____

So fühle ich mich im Moment:

☐ Energie ___ / 10   Anspannung ___ / 10
☐ Freude ___ / 10   Traurigkeit ___ / 10
☐ Antrieb ___ / 10   Verzweiflung ___ / 10

Das hat mich heute gedanklich am meisten beschäftigt:

_____

_____

_____

_____

_____

_____

_____

_____

_____

_____

_____

...und diese Gedanken lasse ich jetzt an mir vorbeiziehen, weil ich auch morgen noch darüber nachdenken kann.

Ein neuer Tag beginnt........

Datum _____   Heute aufgestanden um _____Uhr

Wochentag _____   Schlafdauer insgesamt_____Stunden

So habe ich geschlafen: gut oder   schlecht, weil ich

- ☐ Alpträume   hatte
- ☐ Einschlafstörungen
- ☐ Durchschlaftstörungen
- ☐ Früherwachen

So fühle ich mich im Moment:

- ☐ Energie ___ / 10   Anspannung   ___ / 10
- ☐ Freude ___ / 10   Traurigkeit   ___ / 10
- ☐ Antrieb ___ / 10   Verzweiflung   ___ / 10

Ich bin stolz auf mich weil;

_____

_____

_____

_____

Diese drei Dinge würde ich heute gern schaffen:

1._____ Dringlichkeit ___/10

2._____ Dringlichkeit ___/10

3._____ Dringlichkeit ___/10

Nummer .... ist am Dringlichsten weil,

_____

_____

Wenn ich das erledigt habe, gönne ich mir etwas Gutes:

_____

_____

Ausserdem sind heute meine festen Termine:

Zeit	Um was geht es?	Zeit	Um was geht es?
_____	_____	_____	_____
Zeit	Um was geht es?	Zeit	Um was geht es?
_____	_____	_____	_____
Zeit	Um was geht es?	Zeit	Um was geht es?
_____	_____	_____	_____
Zeit	Um was geht es?	Zeit	Um was geht es?
_____	_____	_____	_____

Ich werde zu diesen Zeitpunkten Pause machen:

Vormittag von _____ Uhr bis _____Uhr

Mittag von _____ Uhr bis _____Uhr

Nachmittag von _____ Uhr bis _____Uhr

Um diese Zeit werde ich aufhören zu Arbeiten oder Pflichten zu erledigen,
dafür läute ich um _____ Uhr den Feierabend ein.

Das werde ich heute Abend machen um mich zu erholen und zu entspannen:

_____

_____

_____

_____

_____

Raum für Gedanken und Notizen:

_____

_____

_____

_____

_____

Es ist Abend, der Tag neigt sich dem Ende zu....

Das habe ich heute tatsächlich gemacht:

_____   _____

_____   _____

_____   _____

_____   _____

Ich habe mich heute gefreut über:

_____

_____

_____

Darüber habe ich mich heute geärgert:

_____

_____

_____

Hier hätte ich „Nein" sagen müssen, weil ich nicht an mich gedacht habe:

_____

_____

_____

_____

_____

_____

Wann ging es mir heute besonders gut und warum?

_____

_____

_____

_____

Auf was ich mich morgen freue:

_____

_____

_____

_____

Das werde ich morgen anders machen als heute:

_____

_____

_____

So fühle ich mich im Moment:

☐ Energie ___ / 10   Anspannung   ___ / 10
☐ Freude ___ / 10   Traurigkeit   ___ / 10
☐ Antrieb ___ / 10   Verzweiflung   ___ / 10

Das hat mich heute gedanklich am meisten beschäftigt:

_____
_____
_____
_____
_____
_____
_____
_____
_____
_____
_____

...und diese Gedanken lasse ich jetzt an mir vorbeiziehen, weil ich auch morgen noch darüber nachdenken kann.

Ein neuer Tag beginnt........

Datum _____   Heute aufgestanden um _____Uhr

Wochentag _____   Schlafdauer insgesamt_____Stunden

So habe ich geschlafen: gut oder   schlecht, weil ich

- ☐ Alpträume   hatte
- ☐ Einschlafstörungen
- ☐ Durchschlaftstörungen
- ☐ Früherwachen

So fühle ich mich im Moment:

- ☐ Energie ___ / 10   Anspannung   ___ / 10
- ☐ Freude ___ / 10   Traurigkeit   ___ / 10
- ☐ Antrieb ___ / 10   Verzweiflung ___ / 10

Ich bin stolz auf mich weil;

_____

_____

_____

_____

Diese drei Dinge würde ich heute gern schaffen:

1._____ Dringlichkeit ___/10

2._____ Dringlichkeit ___/10

3._____ Dringlichkeit ___/10

Nummer .... ist am Dringlichsten weil,

_____

_____

Wenn ich das erledigt habe, gönne ich mir etwas Gutes:

_____

_____

Ausserdem sind heute meine festen Termine:

Zeit	Um was geht es?	Zeit	Um was geht es?
_____	_____	_____	_____
Zeit	Um was geht es?	Zeit	Um was geht es?
_____	_____	_____	_____
Zeit	Um was geht es?	Zeit	Um was geht es?
_____	_____	_____	_____
Zeit	Um was geht es?	Zeit	Um was geht es?
_____	_____	_____	_____

Ich werde zu diesen Zeitpunkten Pause machen:

Vormittag von _____ Uhr bis _____Uhr

Mittag von _____ Uhr bis _____Uhr

Nachmittag von _____ Uhr bis _____Uhr

Um diese Zeit werde ich aufhören zu Arbeiten oder Pflichten zu erledigen, dafür läute ich um _____ Uhr den Feierabend ein.

Das werde ich heute Abend machen um mich zu erholen und zu entspannen:

_____

_____

_____

_____

_____

Raum für Gedanken und Notizen:

_____

_____

_____

_____

_____

Es ist Abend, der Tag
neigt sich dem Ende zu....

Das habe ich heute tatsächlich gemacht:

_____   _____

_____   _____

_____   _____

_____   _____

Ich habe mich heute gefreut über:

_____

_____

_____

Darüber habe ich mich heute geärgert:

_____

_____

_____

Hier hätte ich „Nein" sagen müssen, weil ich nicht an mich gedacht habe:

_____

_____

_____

_____

_____

_____

Wann ging es mir heute besonders gut und warum?

_____

_____

_____

_____

Auf was ich mich morgen freue:

_____

_____

_____

_____

Das werde ich morgen anders machen als heute:

_____

_____

_____

So fühle ich mich im Moment:

- ☐ Energie ___ / 10   Anspannung ___ / 10
- ☐ Freude ___ / 10   Traurigkeit ___ / 10
- ☐ Antrieb ___ / 10   Verzweiflung ___ / 10

Das hat mich heute gedanklich am meisten beschäftigt:

_____

_____

_____

_____

_____

_____

_____

_____

_____

_____

_____

...und diese Gedanken lasse ich jetzt an mir vorbeiziehen, weil ich auch morgen noch darüber nachdenken kann.

Ein neuer Tag beginnt........

Datum _____   Heute aufgestanden um _____Uhr

Wochentag _____   Schlafdauer insgesamt_____Stunden

So habe ich geschlafen: gut oder   schlecht, weil ich

- ☐ Alpträume   hatte
- ☐ Einschlafstörungen
- ☐ Durchschlaftstörungen
- ☐ Früherwachen

So fühle ich mich im Moment:

- ☐ Energie ___ / 10   Anspannung   ___ / 10
- ☐ Freude ___ / 10   Traurigkeit   ___ / 10
- ☐ Antrieb ___ / 10   Verzweiflung ___ / 10

Ich bin stolz auf mich weil;

_____

_____

_____

_____

Diese drei Dinge würde ich heute gern schaffen:

1._____   Dringlichkeit ____/10

2._____   Dringlichkeit ____/10

3._____   Dringlichkeit ____/10

Nummer .... ist am Dringlichsten weil,

_____

_____

Wenn ich das erledigt habe, gönne ich mir etwas Gutes:

_____

_____

Ausserdem sind heute meine festen Termine:

Zeit	Um was geht es?	Zeit	Um was geht es?
_____	_____	_____	_____
Zeit	Um was geht es?	Zeit	Um was geht es?
_____	_____	_____	_____
Zeit	Um was geht es?	Zeit	Um was geht es?
_____	_____	_____	_____
Zeit	Um was geht es?	Zeit	Um was geht es?
_____	_____	_____	_____

Ich werde zu diesen Zeitpunkten Pause machen:

Vormittag von _____ Uhr bis _____Uhr

Mittag von _____ Uhr bis _____Uhr

Nachmittag von _____ Uhr bis _____Uhr

Um diese Zeit werde ich aufhören zu Arbeiten oder Pflichten zu erledigen, dafür läute ich um _____ Uhr den Feierabend ein.

Das werde ich heute Abend machen um mich zu erholen und zu entspannen:

_____

_____

_____

_____

_____

Raum für Gedanken und Notizen:

_____

_____

_____

_____

_____

Es ist Abend, der Tag neigt sich dem Ende zu....

Das habe ich heute tatsächlich gemacht:

_____   _____

_____   _____

_____   _____

_____   _____

Ich habe mich heute gefreut über:

_____

_____

_____

Darüber habe ich mich heute geärgert:

_____

_____

_____

Hier hätte ich „Nein" sagen müssen, weil ich nicht an mich gedacht habe:

_____

_____

_____

_____

_____

_____

Wann ging es mir heute besonders gut und warum?

_____

_____

_____

_____

Auf was ich mich morgen freue:

_____

_____

_____

_____

Das werde ich morgen anders machen als heute:

_____

_____

_____

So fühle ich mich im Moment:

☐ Energie ___ / 10   Anspannung ___ / 10
☐ Freude ___ / 10   Traurigkeit ___ / 10
☐ Antrieb ___ / 10   Verzweiflung ___ / 10

Das hat mich heute gedanklich am meisten beschäftigt:

_____

_____

_____

_____

_____

_____

_____

_____

_____

_____

_____

...und diese Gedanken lasse ich jetzt an mir vorbeiziehen, weil ich auch morgen noch darüber nachdenken kann.

Ein neuer Tag beginnt........

Datum _____   Heute aufgestanden um _____Uhr

Wochentag _____   Schlafdauer insgesamt_____Stunden

So habe ich geschlafen: gut oder   schlecht, weil ich

☐   Alpträume   hatte

☐   Einschlafstörungen

☐   Durchschlaftstörungen

☐   Früherwachen

So fühle ich mich im Moment:

☐   Energie ___ / 10   Anspannung   ___ / 10

☐   Freude ___ / 10   Traurigkeit   ___ / 10

☐   Antrieb ___ / 10   Verzweiflung   ___ / 10

Ich bin stolz auf mich weil;

_____

_____

_____

_____

Diese drei Dinge würde ich heute gern schaffen:

1._____ Dringlichkeit ____/10

2._____ Dringlichkeit ____/10

3._____ Dringlichkeit ____/10

Nummer .... ist am Dringlichsten weil,

_____

_____

Wenn ich das erledigt habe, gönne ich mir etwas Gutes:

_____

_____

Ausserdem sind heute meine festen Termine:

Zeit   Um was geht es?   Zeit   Um was geht es?

_____   _____   _____   _____

Zeit   Um was geht es?   Zeit   Um was geht es?

_____   _____   _____   _____

Zeit   Um was geht es?   Zeit   Um was geht es?

_____   _____   _____   _____

Zeit   Um was geht es?   Zeit   Um was geht es?

_____   _____   _____   _____

Ich werde zu diesen Zeitpunkten Pause machen:

Vormittag von _____ Uhr bis _____Uhr

Mittag von _____ Uhr bis _____Uhr

Nachmittag von _____ Uhr bis _____Uhr

Um diese Zeit werde ich aufhören zu Arbeiten oder Pflichten zu erledigen, dafür läute ich um _____ Uhr den Feierabend ein.

Das werde ich heute Abend machen um mich zu erholen und zu entspannen:

_____

_____

_____

_____

_____

Raum für Gedanken und Notizen:

_____

_____

_____

_____

_____

Es ist Abend, der Tag
neigt sich dem Ende zu....

Das habe ich heute tatsächlich gemacht:

_____   _____
_____   _____

_____   _____
_____   _____

Ich habe mich heute gefreut über:

_____

_____

_____

Darüber habe ich mich heute geärgert:

_____

_____

_____

Hier hätte ich „Nein" sagen müssen, weil ich nicht an mich gedacht habe:

_____

_____

_____

_____

_____

_____

Wann ging es mir heute besonders gut und warum?

_____

_____

_____

_____

Auf was ich mich morgen freue:

_____

_____

_____

_____

Das werde ich morgen anders machen als heute:

_____

_____

_____

So fühle ich mich im Moment:

☐ Energie ___ / 10   Anspannung   ___ / 10
☐ Freude ___ / 10   Traurigkeit   ___ / 10
☐ Antrieb ___ / 10   Verzweiflung ___ / 10

Das hat mich heute gedanklich am meisten beschäftigt:

_____
_____
_____
_____
_____
_____
_____
_____
_____
_____
_____

...und diese Gedanken lasse ich jetzt an mir vorbeiziehen, weil ich auch morgen noch darüber nachdenken kann.

Ein neuer Tag beginnt........

Datum _____   Heute aufgestanden um _____Uhr

Wochentag _____   Schlafdauer insgesamt_____Stunden

So habe ich geschlafen: gut oder   schlecht, weil ich

- ☐ Alpträume   hatte
- ☐ Einschlafstörungen
- ☐ Durchschlaftstörungen
- ☐ Früherwachen

So fühle ich mich im Moment:

- ☐ Energie ___ / 10   Anspannung   ___ / 10
- ☐ Freude ___ / 10   Traurigkeit   ___ / 10
- ☐ Antrieb ___ / 10   Verzweiflung   ___ / 10

Ich bin stolz auf mich weil;

_____

_____

_____

_____

Diese drei Dinge würde ich heute gern schaffen:

1._____ Dringlichkeit ___/10

2._____ Dringlichkeit ___/10

3._____ Dringlichkeit ___/10

Nummer .... ist am Dringlichsten weil,

_____

_____

Wenn ich das erledigt habe, gönne ich mir etwas Gutes:

_____

_____

Ausserdem sind heute meine festen Termine:

Zeit	Um was geht es?	Zeit	Um was geht es?
_____	_____	_____	_____
Zeit	Um was geht es?	Zeit	Um was geht es?
_____	_____	_____	_____
Zeit	Um was geht es?	Zeit	Um was geht es?
_____	_____	_____	_____
Zeit	Um was geht es?	Zeit	Um was geht es?
_____	_____	_____	_____

Ich werde zu diesen Zeitpunkten Pause machen:

Vormittag von   _____ Uhr bis _____Uhr

Mittag von   _____ Uhr bis _____Uhr

Nachmittag von   _____ Uhr bis _____Uhr

Um diese Zeit werde ich aufhören zu Arbeiten oder Pflichten zu erledigen,
dafür läute ich um _____ Uhr den Feierabend ein.

Das werde ich heute Abend machen um mich zu erholen und zu entspannen:

_____

_____

_____

_____

_____

Raum für Gedanken und Notizen:

_____

_____

_____

_____

_____

Es ist Abend, der Tag neigt sich dem Ende zu....

Das habe ich heute tatsächlich gemacht:

_____   _____

_____   _____

_____   _____

_____   _____

Ich habe mich heute gefreut über:

_____

_____

_____

Darüber habe ich mich heute geärgert:

_____

_____

_____

Hier hätte ich „Nein" sagen müssen, weil ich nicht an mich gedacht habe:

_____

_____

_____

_____

_____

_____

Wann ging es mir heute besonders gut und warum?

_____

_____

_____

_____

Auf was ich mich morgen freue:

_____

_____

_____

_____

Das werde ich morgen anders machen als heute:

_____

_____

_____

So fühle ich mich im Moment:

- ☐ Energie ___ / 10   Anspannung   ___ / 10
- ☐ Freude ___ / 10   Traurigkeit   ___ / 10
- ☐ Antrieb ___ / 10   Verzweiflung   ___ / 10

Das hat mich heute gedanklich am meisten beschäftigt:

_____

_____

_____

_____

_____

_____

_____

_____

_____

_____

_____

...und diese Gedanken lasse ich jetzt an mir vorbeiziehen, weil ich auch morgen noch darüber nachdenken kann.

Ein neuer Tag beginnt........

Datum _____   Heute aufgestanden um _____Uhr

Wochentag _____   Schlafdauer insgesamt_____Stunden

So habe ich geschlafen: gut oder   schlecht, weil ich

- ☐ Alpträume   hatte
- ☐ Einschlafstörungen
- ☐ Durchschlaftstörungen
- ☐ Fröherwachen

So fühle ich mich im Moment:

- ☐ Energie ___ / 10   Anspannung   ___ / 10
- ☐ Freude ___ / 10   Traurigkeit   ___ / 10
- ☐ Antrieb ___ / 10   Verzweiflung ___ / 10

Ich bin stolz auf mich weil;

_____

_____

_____

_____

Diese drei Dinge würde ich heute gern schaffen:

1._____   Dringlichkeit ____/10

2._____   Dringlichkeit ____/10

3._____   Dringlichkeit ____/10

Nummer .... ist am Dringlichsten weil,

_____

_____

Wenn ich das erledigt habe, gönne ich mir etwas Gutes:

_____

_____

Ausserdem sind heute meine festen Termine:

Zeit	Um was geht es?	Zeit	Um was geht es?
_____	_____	_____	_____
Zeit	Um was geht es?	Zeit	Um was geht es?
_____	_____	_____	_____
Zeit	Um was geht es?	Zeit	Um was geht es?
_____	_____	_____	_____
Zeit	Um was geht es?	Zeit	Um was geht es?
_____	_____	_____	_____

Ich werde zu diesen Zeitpunkten Pause machen:

Vormittag von _____ Uhr bis _____Uhr

Mittag von _____ Uhr bis _____Uhr

Nachmittag von _____ Uhr bis _____Uhr

Um diese Zeit werde ich aufhören zu Arbeiten oder Pflichten zu erledigen, dafür läute ich um _____ Uhr den Feierabend ein.

Das werde ich heute Abend machen um mich zu erholen und zu entspannen:

_____

_____

_____

_____

_____

Raum für Gedanken und Notizen:

_____

_____

_____

_____

_____

Es ist Abend, der Tag neigt sich dem Ende zu....

Das habe ich heute tatsächlich gemacht:

_____ _____

_____ _____

_____ _____

_____ _____

Ich habe mich heute gefreut über:

_____

_____

_____

Darüber habe ich mich heute geärgert:

_____

_____

_____

Hier hätte ich „Nein" sagen müssen, weil ich nicht an mich gedacht habe:

_____

_____

_____

_____

_____

_____

Wann ging es mir heute besonders gut und warum?

_____

_____

_____

_____

Auf was ich mich morgen freue:

_____

_____

_____

_____

Das werde ich morgen anders machen als heute:

_____

_____

_____

So fühle ich mich im Moment:

☐ Energie ___ / 10   Anspannung ___ / 10

☐ Freude ___ / 10   Traurigkeit ___ / 10

☐ Antrieb ___ / 10   Verzweiflung ___ / 10

Das hat mich heute gedanklich am meisten beschäftigt:

_____

_____

_____

_____

_____

_____

_____

_____

_____

_____

_____

...und diese Gedanken lasse ich jetzt an mir vorbeiziehen, weil ich auch morgen noch darüber nachdenken kann.

Ein neuer Tag beginnt........

Datum _____   Heute aufgestanden um _____Uhr

Wochentag _____   Schlafdauer insgesamt_____Stunden

So habe ich geschlafen: gut oder   schlecht, weil ich

- ☐ Alpträume   hatte
- ☐ Einschlafstörungen
- ☐ Durchschlaftstörungen
- ☐ Früherwachen

So fühle ich mich im Moment:

- ☐ Energie ___ / 10   Anspannung   ___ / 10
- ☐ Freude ___ / 10   Traurigkeit   ___ / 10
- ☐ Antrieb ___ / 10   Verzweiflung   ___ / 10

Ich bin stolz auf mich weil;

_____

_____

_____

_____

Diese drei Dinge würde ich heute gern schaffen:

1._____ Dringlichkeit ___/10

2._____ Dringlichkeit ___/10

3._____ Dringlichkeit ___/10

Nummer .... ist am Dringlichsten weil,

_____

_____

Wenn ich das erledigt habe, gönne ich mir etwas Gutes:

_____

_____

Ausserdem sind heute meine festen Termine:

Zeit	Um was geht es?	Zeit	Um was geht es?
_____	_____	_____	_____
Zeit	Um was geht es?	Zeit	Um was geht es?
_____	_____	_____	_____
Zeit	Um was geht es?	Zeit	Um was geht es?
_____	_____	_____	_____
Zeit	Um was geht es?	Zeit	Um was geht es?
_____	_____	_____	_____

Ich werde zu diesen Zeitpunkten Pause machen:

Vormittag von   _____ Uhr bis _____Uhr

Mittag von   _____ Uhr bis _____Uhr

Nachmittag von _____ Uhr bis _____Uhr

Um diese Zeit werde ich aufhören zu Arbeiten oder Pflichten zu erledigen, dafür läute ich um _____ Uhr den Feierabend ein.

Das werde ich heute Abend machen um mich zu erholen und zu entspannen:

_____

_____

_____

_____

_____

Raum für Gedanken und Notizen:

_____

_____

_____

_____

_____

Es ist Abend, der Tag
neigt sich dem Ende zu....

Das habe ich heute tatsächlich gemacht:

_____   _____

_____   _____

_____   _____

_____   _____

Ich habe mich heute gefreut über:

_____

_____

_____

Darüber habe ich mich heute geärgert:

_____

_____

_____

Hier hätte ich „Nein" sagen müssen, weil ich nicht an mich gedacht habe:

_____
_____
_____
_____
_____
_____

Wann ging es mir heute besonders gut und warum?

_____
_____
_____
_____

Auf was ich mich morgen freue:

_____
_____
_____
_____

Das werde ich morgen anders machen als heute:

_____
_____
_____

So fühle ich mich im Moment:

☐ Energie ___ / 10   Anspannung ___ / 10

☐ Freude ___ / 10   Traurigkeit ___ / 10

☐ Antrieb ___ / 10   Verzweiflung ___ / 10

Das hat mich heute gedanklich am meisten beschäftigt:

_____

_____

_____

_____

_____

_____

_____

_____

_____

_____

_____

...und diese Gedanken lasse ich jetzt an mir vorbeiziehen, weil ich auch morgen noch darüber nachdenken kann.

Ein neuer Tag beginnt........

Datum _____   Heute aufgestanden um _____Uhr

Wochentag _____   Schlafdauer insgesamt_____Stunden

So habe ich geschlafen: gut oder   schlecht, weil ich

☐   Alpträume   hatte

☐   Einschlafstörungen

☐   Durchschlaftstörungen

☐   Früherwachen

So fühle ich mich im Moment:

☐   Energie ___ / 10   Anspannung   ___ / 10

☐   Freude ___ / 10   Traurigkeit   ___ / 10

☐   Antrieb ___ / 10   Verzweiflung   ___ / 10

Ich bin stolz auf mich weil;

_____

_____

_____

_____

Diese drei Dinge würde ich heute gern schaffen:

1._____   Dringlichkeit ____/10

2._____   Dringlichkeit ____/10

3._____   Dringlichkeit ____/10

Nummer .... ist am Dringlichsten weil,

_____

_____

Wenn ich das erledigt habe, gönne ich mir etwas Gutes:

_____

_____

Ausserdem sind heute meine festen Termine:

Zeit	Um was geht es?	Zeit	Um was geht es?
_____	_____	_____	_____

Zeit	Um was geht es?	Zeit	Um was geht es?
_____	_____	_____	_____

Zeit	Um was geht es?	Zeit	Um was geht es?
_____	_____	_____	_____

Zeit	Um was geht es?	Zeit	Um was geht es?
_____	_____	_____	_____

Ich werde zu diesen Zeitpunkten Pause machen:

Vormittag von   _ _ _ _ _ Uhr bis _ _ _ _ _ _ _Uhr

Mittag von   _ _ _ _ _ Uhr bis _ _ _ _ _ _ _Uhr

Nachmittag von   _ _ _ _ _ Uhr bis _ _ _ _ _ _ _Uhr

Um diese Zeit werde ich aufhören zu Arbeiten oder Pflichten zu erledigen,
dafür läute ich um _ _ _ _ _ _ _ _ _ _ _ _ _ Uhr den Feierabend ein.

Das werde ich heute Abend machen um mich zu erholen und zu entspannen:

_ _

_ _

_ _

_ _

_ _

Raum für Gedanken und Notizen:

_ _

_ _

_ _

_ _

_ _

Es ist Abend, der Tag
neigt sich dem Ende zu....

Das habe ich heute tatsächlich gemacht:

_____   _____

_____   _____

_____   _____

_____   _____

Ich habe mich heute gefreut über:

_____

_____

_____

Darüber habe ich mich heute geärgert:

_____

_____

_____

Hier hätte ich „Nein" sagen müssen, weil ich nicht an mich gedacht habe:

_____

_____

_____

_____

_____

_____

Wann ging es mir heute besonders gut und warum?

_____

_____

_____

_____

Auf was ich mich morgen freue:

_____

_____

_____

_____

Das werde ich morgen anders machen als heute:

_____

_____

_____

So fühle ich mich im Moment:

☐ Energie ___ / 10   Anspannung   ___ / 10
☐ Freude ___ / 10   Traurigkeit   ___ / 10
☐ Antrieb ___ / 10   Verzweiflung   ___ / 10

Das hat mich heute gedanklich am meisten beschäftigt:

...und diese Gedanken lasse ich jetzt an mir vorbeiziehen, weil ich auch morgen noch darüber nachdenken kann.

Ein neuer Tag beginnt........

Datum _____   Heute aufgestanden um _____Uhr

Wochentag _____   Schlafdauer insgesamt_____Stunden

So habe ich geschlafen: gut oder   schlecht, weil ich

- ☐ Alpträume   hatte
- ☐ Einschlafstörungen
- ☐ Durchschlaftstörungen
- ☐ Früherwachen

So fühle ich mich im Moment:

- ☐ Energie ___ / 10   Anspannung   ___ / 10
- ☐ Freude ___ / 10   Traurigkeit   ___ / 10
- ☐ Antrieb ___ / 10   Verzweiflung   ___ / 10

Ich bin stolz auf mich weil;

_____

_____

_____

_____

Diese drei Dinge würde ich heute gern schaffen:

1._____   Dringlichkeit ____/10

2._____   Dringlichkeit ____/10

3._____   Dringlichkeit ____/10

Nummer .... ist am Dringlichsten weil,

_____

_____

Wenn ich das erledigt habe, gönne ich mir etwas Gutes:

_____

_____

Ausserdem sind heute meine festen Termine:

Zeit	Um was geht es?	Zeit	Um was geht es?
_____	_____	_____	_____
Zeit	Um was geht es?	Zeit	Um was geht es?
_____	_____	_____	_____
Zeit	Um was geht es?	Zeit	Um was geht es?
_____	_____	_____	_____
Zeit	Um was geht es?	Zeit	Um was geht es?
_____	_____	_____	_____

Ich werde zu diesen Zeitpunkten Pause machen:

Vormittag von _____ Uhr bis _____Uhr

Mittag von _____ Uhr bis _____Uhr

Nachmittag von _____ Uhr bis _____Uhr

Um diese Zeit werde ich aufhören zu Arbeiten oder Pflichten zu erledigen,
dafür läute ich um _____ Uhr den Feierabend ein.

Das werde ich heute Abend machen um mich zu erholen und zu entspannen:

_____

_____

_____

_____

_____

Raum für Gedanken und Notizen:

_____

_____

_____

_____

_____

Es ist Abend, der Tag
neigt sich dem Ende zu....

Das habe ich heute tatsächlich gemacht:

_____   _____
_____   _____
_____   _____
_____   _____

Ich habe mich heute gefreut über:

_____
_____
_____

Darüber habe ich mich heute geärgert:

_____
_____
_____

Hier hätte ich „Nein" sagen müssen, weil ich nicht an mich gedacht habe:

_____

_____

_____

_____

_____

_____

Wann ging es mir heute besonders gut und warum?

_____

_____

_____

_____

Auf was ich mich morgen freue:

_____

_____

_____

_____

Das werde ich morgen anders machen als heute:

_____

_____

_____

So fühle ich mich im Moment:

☐ Energie ___ / 10   Anspannung   ___ / 10
☐ Freude ___ / 10   Traurigkeit   ___ / 10
☐ Antrieb ___ / 10   Verzweiflung ___ / 10

Das hat mich heute gedanklich am meisten beschäftigt:

_____

_____

_____

_____

_____

_____

_____

_____

_____

_____

...und diese Gedanken lasse ich jetzt an mir vorbeiziehen, weil ich auch morgen noch darüber nachdenken kann.

Ein neuer Tag beginnt........

Datum _____   Heute aufgestanden um _____Uhr

Wochentag _____   Schlafdauer insgesamt_____Stunden

So habe ich geschlafen: gut oder   schlecht, weil ich

- ☐ Alpträume   hatte
- ☐ Einschlafstörungen
- ☐ Durchschlaftstörungen
- ☐ Früherwachen

So fühle ich mich im Moment:

- ☐ Energie ___ / 10   Anspannung   ___ / 10
- ☐ Freude ___ / 10   Traurigkeit   ___ / 10
- ☐ Antrieb ___ / 10   Verzweiflung ___ / 10

Ich bin stolz auf mich weil;

_____

_____

_____

_____

Diese drei Dinge würde ich heute gern schaffen:

1._____ Dringlichkeit ____/10

2._____ Dringlichkeit ____/10

3._____ Dringlichkeit ____/10

Nummer .... ist am Dringlichsten weil,

_____

_____

Wenn ich das erledigt habe, gönne ich mir etwas Gutes:

_____

_____

Ausserdem sind heute meine festen Termine:

Zeit	Um was geht es?	Zeit	Um was geht es?
_____	_____	_____	_____
Zeit	Um was geht es?	Zeit	Um was geht es?
_____	_____	_____	_____
Zeit	Um was geht es?	Zeit	Um was geht es?
_____	_____	_____	_____
Zeit	Um was geht es?	Zeit	Um was geht es?
_____	_____	_____	_____

Ich werde zu diesen Zeitpunkten Pause machen:

Vormittag von _____ Uhr bis _____Uhr

Mittag von _____ Uhr bis _____Uhr

Nachmittag von _____ Uhr bis _____Uhr

Um diese Zeit werde ich aufhören zu Arbeiten oder Pflichten zu erledigen, dafür läute ich um _____ Uhr den Feierabend ein.

Das werde ich heute Abend machen um mich zu erholen und zu entspannen:

_____

_____

_____

_____

_____

Raum für Gedanken und Notizen:

_____

_____

_____

_____

_____

Es ist Abend, der Tag
neigt sich dem Ende zu....

Das habe ich heute tatsächlich gemacht:

_____   _____

_____   _____

_____   _____

_____   _____

Ich habe mich heute gefreut über:

_____

_____

_____

Darüber habe ich mich heute geärgert:

_____

_____

_____

Hier hätte ich „Nein" sagen müssen, weil ich nicht an mich gedacht habe:

_____

_____

_____

_____

_____

_____

Wann ging es mir heute besonders gut und warum?

_____

_____

_____

_____

Auf was ich mich morgen freue:

_____

_____

_____

_____

Das werde ich morgen anders machen als heute:

_____

_____

_____

So fühle ich mich im Moment:

☐ Energie ___ / 10   Anspannung   ___ / 10

☐ Freude ___ / 10   Traurigkeit   ___ / 10

☐ Antrieb ___ / 10   Verzweiflung   ___ / 10

Das hat mich heute gedanklich am meisten beschäftigt:

_____

_____

_____

_____

_____

_____

_____

_____

_____

_____

_____

...und diese Gedanken lasse ich jetzt an mir vorbeiziehen, weil ich auch morgen noch darüber nachdenken kann.

Ein neuer Tag beginnt........

Datum _____   Heute aufgestanden um _____Uhr

Wochentag _____   Schlafdauer insgesamt_____Stunden

So habe ich geschlafen: gut oder   schlecht, weil ich

- ☐ Alpträume   hatte
- ☐ Einschlafstörungen
- ☐ Durchschlaftstörungen
- ☐ Früherwachen

So fühle ich mich im Moment:

- ☐ Energie ___ / 10   Anspannung   ___ / 10
- ☐ Freude ___ / 10   Traurigkeit ___ / 10
- ☐ Antrieb ___ / 10   Verzweiflung ___ / 10

Ich bin stolz auf mich weil;

_____

_____

_____

_____

Diese drei Dinge würde ich heute gern schaffen:

1._____ Dringlichkeit ___/10

2._____ Dringlichkeit ___/10

3._____ Dringlichkeit ___/10

Nummer .... ist am Dringlichsten weil,

_____

_____

Wenn ich das erledigt habe, gönne ich mir etwas Gutes:

_____

_____

Ausserdem sind heute meine festen Termine:

Zeit	Um was geht es?	Zeit	Um was geht es?
_____	_____	_____	_____

Zeit	Um was geht es?	Zeit	Um was geht es?
_____	_____	_____	_____

Zeit	Um was geht es?	Zeit	Um was geht es?
_____	_____	_____	_____

Zeit	Um was geht es?	Zeit	Um was geht es?
_____	_____	_____	_____

Ich werde zu diesen Zeitpunkten Pause machen:

Vormittag von _____ Uhr bis _____Uhr

Mittag von _____ Uhr bis _____Uhr

Nachmittag von _____ Uhr bis _____Uhr

Um diese Zeit werde ich aufhören zu Arbeiten oder Pflichten zu erledigen,
dafür läute ich um _____ Uhr den Feierabend ein.

Das werde ich heute Abend machen um mich zu erholen und zu entspannen:

_____

_____

_____

_____

_____

Raum für Gedanken und Notizen:

_____

_____

_____

_____

_____

Es ist Abend, der Tag
neigt sich dem Ende zu....

Das habe ich heute tatsächlich gemacht:

_____   _____

_____   _____

_____   _____

_____   _____

Ich habe mich heute gefreut über:

_____

_____

_____

Darüber habe ich mich heute geärgert:

_____

_____

_____

Hier hätte ich „Nein" sagen müssen, weil ich nicht an mich gedacht habe:

_____

_____

_____

_____

_____

_____

Wann ging es mir heute besonders gut und warum?

_____

_____

_____

_____

Auf was ich mich morgen freue:

_____

_____

_____

_____

Das werde ich morgen anders machen als heute:

_____

_____

_____

So fühle ich mich im Moment:

☐ Energie ___ / 10   Anspannung   ___ / 10
☐ Freude ___ / 10   Traurigkeit   ___ / 10
☐ Antrieb ___ / 10   Verzweiflung   ___ / 10

Das hat mich heute gedanklich am meisten beschäftigt:

_____

_____

_____

_____

_____

_____

_____

_____

_____

_____

...und diese Gedanken lasse ich jetzt an mir vorbeiziehen, weil ich auch morgen noch darüber nachdenken kann.

Ein neuer Tag beginnt........

Datum _____   Heute aufgestanden um _____Uhr

Wochentag _____   Schlafdauer insgesamt_____Stunden

So habe ich geschlafen: gut oder   schlecht, weil ich

- ☐ Alpträume   hatte
- ☐ Einschlafstörungen
- ☐ Durchschlaftstörungen
- ☐ Früherwachen

So fühle ich mich im Moment:

- ☐ Energie ___ / 10   Anspannung   ___ / 10
- ☐ Freude ___ / 10   Traurigkeit   ___ / 10
- ☐ Antrieb ___ / 10   Verzweiflung   ___ / 10

Ich bin stolz auf mich weil;

_____

_____

_____

_____

Diese drei Dinge würde ich heute gern schaffen:

1._____ Dringlichkeit ____/10

2._____ Dringlichkeit ____/10

3._____ Dringlichkeit ____/10

Nummer .... ist am Dringlichsten weil,

_____

_____

Wenn ich das erledigt habe, gönne ich mir etwas Gutes:

_____

_____

Ausserdem sind heute meine festen Termine:

Zeit	Um was geht es?	Zeit	Um was geht es?
_____	_____	_____	_____
Zeit	Um was geht es?	Zeit	Um was geht es?
_____	_____	_____	_____
Zeit	Um was geht es?	Zeit	Um was geht es?
_____	_____	_____	_____
Zeit	Um was geht es?	Zeit	Um was geht es?
_____	_____	_____	_____

Ich werde zu diesen Zeitpunkten Pause machen:

Vormittag von _____ Uhr bis _____ Uhr

Mittag von _____ Uhr bis _____ Uhr

Nachmittag von _____ Uhr bis _____ Uhr

Um diese Zeit werde ich aufhören zu Arbeiten oder Pflichten zu erledigen,
dafür läute ich um _____ Uhr den Feierabend ein.

Das werde ich heute Abend machen um mich zu erholen und zu entspannen:

_____

_____

_____

_____

_____

Raum für Gedanken und Notizen:

_____

_____

_____

_____

_____

Es ist Abend, der Tag

neigt sich dem Ende zu....

Das habe ich heute tatsächlich gemacht:

_____   _____

_____   _____

_____   _____

_____   _____

Ich habe mich heute gefreut über:

_____

_____

_____

Darüber habe ich mich heute geärgert:

_____

_____

_____

Hier hätte ich „Nein" sagen müssen, weil ich nicht an mich gedacht habe:

_____

_____

_____

_____

_____

_____

Wann ging es mir heute besonders gut und warum?

_____

_____

_____

_____

Auf was ich mich morgen freue:

_____

_____

_____

_____

Das werde ich morgen anders machen als heute:

_____

_____

_____

So fühle ich mich im Moment:

☐ Energie ___ / 10   Anspannung ___ / 10
☐ Freude ___ / 10   Traurigkeit ___ / 10
☐ Antrieb ___ / 10   Verzweiflung ___ / 10

Das hat mich heute gedanklich am meisten beschäftigt:

_____
_____
_____
_____
_____
_____
_____
_____
_____
_____
_____

...und diese Gedanken lasse ich jetzt an mir vorbeiziehen, weil ich auch morgen noch darüber nachdenken kann.

Ein neuer Tag beginnt........

Datum _____   Heute aufgestanden um _____Uhr

Wochentag _____   Schlafdauer insgesamt_____Stunden

So habe ich geschlafen: gut oder   schlecht, weil ich

- ☐ Alpträume   hatte
- ☐ Einschlafstörungen
- ☐ Durchschlaftstörungen
- ☐ Früherwachen

So fühle ich mich im Moment:

- ☐ Energie ____ / 10   Anspannung   ____ / 10
- ☐ Freude ____ / 10   Traurigkeit   ____ / 10
- ☐ Antrieb ____ / 10   Verzweiflung ____ / 10

Ich bin stolz auf mich weil;

_____

_____

_____

_____

Diese drei Dinge würde ich heute gern schaffen:

1._____ Dringlichkeit ____/10

2._____ Dringlichkeit ____/10

3._____ Dringlichkeit ____/10

Nummer .... ist am Dringlichsten weil,

_____

_____

Wenn ich das erledigt habe, gönne ich mir etwas Gutes:

_____

_____

Ausserdem sind heute meine festen Termine:

Zeit	Um was geht es?	Zeit	Um was geht es?
_____	_____	_____	_____
Zeit	Um was geht es?	Zeit	Um was geht es?
_____	_____	_____	_____
Zeit	Um was geht es?	Zeit	Um was geht es?
_____	_____	_____	_____
Zeit	Um was geht es?	Zeit	Um was geht es?
_____	_____	_____	_____

Ich werde zu diesen Zeitpunkten Pause machen:

Vormittag von _____ Uhr bis _____Uhr

Mittag von _____ Uhr bis _____Uhr

Nachmittag von _____ Uhr bis _____Uhr

Um diese Zeit werde ich aufhören zu Arbeiten oder Pflichten zu erledigen, dafür läute ich um _____ Uhr den Feierabend ein.

Das werde ich heute Abend machen um mich zu erholen und zu entspannen:

_____

_____

_____

_____

_____

Raum für Gedanken und Notizen:

_____

_____

_____

_____

_____

Es ist Abend, der Tag neigt sich dem Ende zu....

Das habe ich heute tatsächlich gemacht:

_____ _____

_____ _____

_____ _____

_____ _____

Ich habe mich heute gefreut über:

_____

_____

_____

Darüber habe ich mich heute geärgert:

_____

_____

_____

Hier hätte ich „Nein" sagen müssen, weil ich nicht an mich gedacht habe:

_____

_____

_____

_____

_____

_____

Wann ging es mir heute besonders gut und warum?

_____

_____

_____

_____

Auf was ich mich morgen freue:

_____

_____

_____

_____

Das werde ich morgen anders machen als heute:

_____

_____

_____

So fühle ich mich im Moment:

- ☐ Energie ___ / 10   Anspannung   ___ / 10
- ☐ Freude ___ / 10   Traurigkeit   ___ / 10
- ☐ Antrieb ___ / 10   Verzweiflung   ___ / 10

Das hat mich heute gedanklich am meisten beschäftigt:

_____

_____

_____

_____

_____

_____

_____

_____

_____

_____

...und diese Gedanken lasse ich jetzt an mir vorbeiziehen, weil ich auch morgen noch darüber nachdenken kann.

Ein neuer Tag beginnt........

Datum _____   Heute aufgestanden um _____Uhr

Wochentag _____   Schlafdauer insgesamt_____Stunden

So habe ich geschlafen: gut oder   schlecht, weil ich

- ☐ Alpträume   hatte
- ☐ Einschlafstörungen
- ☐ Durchschlaftstörungen
- ☐ Früherwachen

So fühle ich mich im Moment:

- ☐ Energie ___ / 10   Anspannung   ___ / 10
- ☐ Freude ___ / 10   Traurigkeit   ___ / 10
- ☐ Antrieb ___ / 10   Verzweiflung ___ / 10

Ich bin stolz auf mich weil;

_____

_____

_____

_____

Diese drei Dinge würde ich heute gern schaffen:

1._____ Dringlichkeit ___/10

2._____ Dringlichkeit ___/10

3._____ Dringlichkeit ___/10

Nummer .... ist am Dringlichsten weil,

_____

_____

Wenn ich das erledigt habe, gönne ich mir etwas Gutes:

_____

_____

Ausserdem sind heute meine festen Termine:

Zeit	Um was geht es?	Zeit	Um was geht es?
_____	_____	_____	_____
Zeit	Um was geht es?	Zeit	Um was geht es?
_____	_____	_____	_____
Zeit	Um was geht es?	Zeit	Um was geht es?
_____	_____	_____	_____
Zeit	Um was geht es?	Zeit	Um was geht es?
_____	_____	_____	_____

Ich werde zu diesen Zeitpunkten Pause machen:

Vormittag von _____ Uhr bis _____Uhr

Mittag von _____ Uhr bis _____Uhr

Nachmittag von _____ Uhr bis _____Uhr

Um diese Zeit werde ich aufhören zu Arbeiten oder Pflichten zu erledigen,
dafür läute ich um _____ Uhr den Feierabend ein.

Das werde ich heute Abend machen um mich zu erholen und zu entspannen:

_____

_____

_____

_____

_____

Raum für Gedanken und Notizen:

_____

_____

_____

_____

_____

Es ist Abend, der Tag
neigt sich dem Ende zu....

Das habe ich heute tatsächlich gemacht:

_____   _____

_____   _____

_____   _____

_____   _____

Ich habe mich heute gefreut über:

_____

_____

_____

Darüber habe ich mich heute geärgert:

_____

_____

_____

Hier hätte ich „Nein" sagen müssen, weil ich nicht an mich gedacht habe:

_____

_____

_____

_____

_____

_____

Wann ging es mir heute besonders gut und warum?

_____

_____

_____

_____

Auf was ich mich morgen freue:

_____

_____

_____

_____

Das werde ich morgen anders machen als heute:

_____

_____

_____

So fühle ich mich im Moment:

☐ Energie ___ / 10   Anspannung ___ / 10
☐ Freude ___ / 10   Traurigkeit ___ / 10
☐ Antrieb ___ / 10   Verzweiflung ___ / 10

Das hat mich heute gedanklich am meisten beschäftigt:

_____

_____

_____

_____

_____

_____

_____

_____

_____

_____

...und diese Gedanken lasse ich jetzt an mir vorbeiziehen, weil ich auch morgen noch darüber nachdenken kann.

Ein neuer Tag beginnt........

Datum _____   Heute aufgestanden um _____Uhr

Wochentag _____   Schlafdauer insgesamt_____Stunden

So habe ich geschlafen: gut oder   schlecht, weil ich

- ☐ Alpträume   hatte
- ☐ Einschlafstörungen
- ☐ Durchschlaftstörungen
- ☐ Früherwachen

So fühle ich mich im Moment:

- ☐ Energie ___ / 10   Anspannung   ___ / 10
- ☐ Freude ___ / 10   Traurigkeit   ___ / 10
- ☐ Antrieb ___ / 10   Verzweiflung ___ / 10

Ich bin stolz auf mich weil;

_____

_____

_____

_____

Diese drei Dinge würde ich heute gern schaffen:

1._____ Dringlichkeit ____/10

2._____ Dringlichkeit ____/10

3._____ Dringlichkeit ____/10

Nummer .... ist am Dringlichsten weil,

_____

_____

Wenn ich das erledigt habe, gönne ich mir etwas Gutes:

_____

_____

Ausserdem sind heute meine festen Termine:

Zeit	Um was geht es?	Zeit	Um was geht es?
_____	_____	_____	_____
Zeit	Um was geht es?	Zeit	Um was geht es?
_____	_____	_____	_____
Zeit	Um was geht es?	Zeit	Um was geht es?
_____	_____	_____	_____
Zeit	Um was geht es?	Zeit	Um was geht es?
_____	_____	_____	_____

Ich werde zu diesen Zeitpunkten Pause machen:

Vormittag von _____ Uhr bis _____Uhr

Mittag von _____ Uhr bis _____Uhr

Nachmittag von _____ Uhr bis _____Uhr

Um diese Zeit werde ich aufhören zu Arbeiten oder Pflichten zu erledigen, dafür läute ich um _____ Uhr den Feierabend ein.

Das werde ich heute Abend machen um mich zu erholen und zu entspannen:

_____

_____

_____

_____

_____

Raum für Gedanken und Notizen:

_____

_____

_____

_____

_____

Es ist Abend, der Tag
neigt sich dem Ende zu....

Das habe ich heute tatsächlich gemacht:

_____ _____

_____ _____

_____ _____

_____ _____

Ich habe mich heute gefreut über:

_____

_____

_____

Darüber habe ich mich heute geärgert:

_____

_____

_____

Hier hätte ich „Nein" sagen müssen, weil ich nicht an mich gedacht habe:

_____

_____

_____

_____

_____

_____

Wann ging es mir heute besonders gut und warum?

_____

_____

_____

_____

Auf was ich mich morgen freue:

_____

_____

_____

_____

Das werde ich morgen anders machen als heute:

_____

_____

_____

So fühle ich mich im Moment:

☐ Energie ___ / 10   Anspannung ___ / 10
☐ Freude ___ / 10   Traurigkeit ___ / 10
☐ Antrieb ___ / 10   Verzweiflung ___ / 10

Das hat mich heute gedanklich am meisten beschäftigt:

_____

_____

_____

_____

_____

_____

_____

_____

_____

_____

...und diese Gedanken lasse ich jetzt an mir vorbeiziehen, weil ich auch morgen noch darüber nachdenken kann.

Ein neuer Tag beginnt........

Datum _____   Heute aufgestanden um _____Uhr

Wochentag _____   Schlafdauer insgesamt_____Stunden

So habe ich geschlafen: gut oder   schlecht, weil ich

- ☐ Alpträume   hatte
- ☐ Einschlafstörungen
- ☐ Durchschlaftstörungen
- ☐ Früherwachen

So fühle ich mich im Moment:

- ☐ Energie ___ / 10   Anspannung   ___ / 10
- ☐ Freude ___ / 10   Traurigkeit   ___ / 10
- ☐ Antrieb ___ / 10   Verzweiflung ___ / 10

Ich bin stolz auf mich weil;

_____

_____

_____

_____

Diese drei Dinge würde ich heute gern schaffen:

1._____   Dringlichkeit ____/10

2._____   Dringlichkeit ____/10

3._____   Dringlichkeit ____/10

Nummer .... ist am Dringlichsten weil,

_____

_____

Wenn ich das erledigt habe, gönne ich mir etwas Gutes:

_____

_____

Ausserdem sind heute meine festen Termine:

Zeit	Um was geht es?	Zeit	Um was geht es?
_____	_____	_____	_____
Zeit	Um was geht es?	Zeit	Um was geht es?
_____	_____	_____	_____
Zeit	Um was geht es?	Zeit	Um was geht es?
_____	_____	_____	_____
Zeit	Um was geht es?	Zeit	Um was geht es?
_____	_____	_____	_____

Ich werde zu diesen Zeitpunkten Pause machen:

Vormittag von _____ Uhr bis _____Uhr

Mittag von _____ Uhr bis _____Uhr

Nachmittag von _____ Uhr bis _____Uhr

Um diese Zeit werde ich aufhören zu Arbeiten oder Pflichten zu erledigen,
dafür läute ich um _____ Uhr den Feierabend ein.

Das werde ich heute Abend machen um mich zu erholen und zu entspannen:

_____

_____

_____

_____

_____

Raum für Gedanken und Notizen:

_____

_____

_____

_____

_____

Es ist Abend, der Tag
neigt sich dem Ende zu....

Das habe ich heute tatsächlich gemacht:

_____   _____

_____   _____

_____   _____

_____   _____

Ich habe mich heute gefreut über:

_____

_____

_____

Darüber habe ich mich heute geärgert:

_____

_____

_____

Hier hätte ich „Nein" sagen müssen, weil ich nicht an mich gedacht habe:

_____
_____
_____
_____
_____
_____

Wann ging es mir heute besonders gut und warum?

_____
_____
_____
_____

Auf was ich mich morgen freue:

_____
_____
_____
_____

Das werde ich morgen anders machen als heute:

_____
_____
_____

So fühle ich mich im Moment:

☐ Energie ___ / 10   Anspannung ___ / 10

☐ Freude ___ / 10   Traurigkeit ___ / 10

☐ Antrieb ___ / 10   Verzweiflung ___ / 10

Das hat mich heute gedanklich am meisten beschäftigt:

...und diese Gedanken lasse ich jetzt an mir vorbeiziehen, weil ich auch morgen noch darüber nachdenken kann.

Ein neuer Tag beginnt........

Datum _____   Heute aufgestanden um _____Uhr

Wochentag _____   Schlafdauer insgesamt_____Stunden

So habe ich geschlafen: gut oder   schlecht, weil ich

- ☐ Alpträume   hatte
- ☐ Einschlafstörungen
- ☐ Durchschlaftstörungen
- ☐ Früherwachen

So fühle ich mich im Moment:

- ☐ Energie ___ / 10   Anspannung   ___ / 10
- ☐ Freude ___ / 10   Traurigkeit   ___ / 10
- ☐ Antrieb ___ / 10   Verzweiflung   ___ / 10

Ich bin stolz auf mich weil;

_____

_____

_____

_____

Diese drei Dinge würde ich heute gern schaffen:

1._____ Dringlichkeit ____/10

2._____ Dringlichkeit ____/10

3._____ Dringlichkeit ____/10

Nummer .... ist am Dringlichsten weil,

_____

_____

Wenn ich das erledigt habe, gönne ich mir etwas Gutes:

_____

_____

Ausserdem sind heute meine festen Termine:

Zeit	Um was geht es?	Zeit	Um was geht es?
_____	_____	_____	_____

Zeit	Um was geht es?	Zeit	Um was geht es?
_____	_____	_____	_____

Zeit	Um was geht es?	Zeit	Um was geht es?
_____	_____	_____	_____

Zeit	Um was geht es?	Zeit	Um was geht es?
_____	_____	_____	_____

Ich werde zu diesen Zeitpunkten Pause machen:

Vormittag von _____ Uhr bis _____Uhr

Mittag von _____ Uhr bis _____Uhr

Nachmittag von _____ Uhr bis _____Uhr

Um diese Zeit werde ich aufhören zu Arbeiten oder Pflichten zu erledigen,
dafür läute ich um _____ Uhr den Feierabend ein.

Das werde ich heute Abend machen um mich zu erholen und zu entspannen:

_____

_____

_____

_____

_____

Raum für Gedanken und Notizen:

_____

_____

_____

_____

_____

Es ist Abend, der Tag
neigt sich dem Ende zu....

Das habe ich heute tatsächlich gemacht:

_____   _____
_____   _____

_____   _____
_____   _____

Ich habe mich heute gefreut über:

_____

_____

_____

Darüber habe ich mich heute geärgert:

_____

_____

_____

Hier hätte ich „Nein" sagen müssen, weil ich nicht an mich gedacht habe:

_____

_____

_____

_____

_____

_____

Wann ging es mir heute besonders gut und warum?

_____

_____

_____

_____

Auf was ich mich morgen freue:

_____

_____

_____

_____

Das werde ich morgen anders machen als heute:

_____

_____

_____

So fühle ich mich im Moment:

☐ Energie ___ / 10   Anspannung   ___ / 10

☐ Freude ___ / 10   Traurigkeit   ___ / 10

☐ Antrieb ___ / 10   Verzweiflung ___ / 10

Das hat mich heute gedanklich am meisten beschäftigt:

_____

_____

_____

_____

_____

_____

_____

_____

_____

_____

_____

...und diese Gedanken lasse ich jetzt an mir vorbeiziehen, weil ich auch morgen noch darüber nachdenken kann.

Ein neuer Tag beginnt........

Datum _____   Heute aufgestanden um _____Uhr

Wochentag _____   Schlafdauer insgesamt_____Stunden

So habe ich geschlafen: gut oder   schlecht, weil ich

- ☐ Alpträume   hatte
- ☐ Einschlafstörungen
- ☐ Durchschlaftstörungen
- ☐ Früherwachen

So fühle ich mich im Moment:

- ☐ Energie ___ / 10   Anspannung   ___ / 10
- ☐ Freude ___ / 10   Traurigkeit   ___ / 10
- ☐ Antrieb ___ / 10   Verzweiflung ___ / 10

Ich bin stolz auf mich weil;

_____

_____

_____

_____

Diese drei Dinge würde ich heute gern schaffen:

1._____   Dringlichkeit ____/10

2._____   Dringlichkeit ____/10

3._____   Dringlichkeit ____/10

Nummer .... ist am Dringlichsten weil,

_____

_____

Wenn ich das erledigt habe, gönne ich mir etwas Gutes:

_____

_____

Ausserdem sind heute meine festen Termine:

Zeit	Um was geht es?	Zeit	Um was geht es?
_____	_____	_____	_____
Zeit	Um was geht es?	Zeit	Um was geht es?
_____	_____	_____	_____
Zeit	Um was geht es?	Zeit	Um was geht es?
_____	_____	_____	_____
Zeit	Um was geht es?	Zeit	Um was geht es?
_____	_____	_____	_____

Ich werde zu diesen Zeitpunkten Pause machen:

Vormittag von _____ Uhr bis _____Uhr

Mittag von _____ Uhr bis _____Uhr

Nachmittag von _____ Uhr bis _____Uhr

Um diese Zeit werde ich aufhören zu Arbeiten oder Pflichten zu erledigen, dafür läute ich um _____ Uhr den Feierabend ein.

Das werde ich heute Abend machen um mich zu erholen und zu entspannen:

_____

_____

_____

_____

_____

Raum für Gedanken und Notizen:

_____

_____

_____

_____

_____

Es ist Abend, der Tag
neigt sich dem Ende zu....

Das habe ich heute tatsächlich gemacht:

_____   _____

_____   _____

_____   _____

_____   _____

Ich habe mich heute gefreut über:

_____

_____

_____

Darüber habe ich mich heute geärgert:

_____

_____

_____

Hier hätte ich „Nein" sagen müssen, weil ich nicht an mich gedacht habe:

_____
_____
_____
_____
_____
_____

Wann ging es mir heute besonders gut und warum?

_____
_____
_____
_____

Auf was ich mich morgen freue:

_____
_____
_____
_____

Das werde ich morgen anders machen als heute:

_____
_____
_____

So fühle ich mich im Moment:

☐ Energie ___ / 10   Anspannung ___ / 10
☐ Freude ___ / 10   Traurigkeit ___ / 10
☐ Antrieb ___ / 10   Verzweiflung ___ / 10

Das hat mich heute gedanklich am meisten beschäftigt:

_____

_____

_____

_____

_____

_____

_____

_____

_____

_____

...und diese Gedanken lasse ich jetzt an mir vorbeiziehen, weil ich auch morgen noch darüber nachdenken kann.

Ein neuer Tag beginnt........

Datum _____   Heute aufgestanden um _____Uhr

Wochentag _____   Schlafdauer insgesamt_____Stunden

So habe ich geschlafen: gut oder   schlecht, weil ich

- ☐ Alpträume   hatte
- ☐ Einschlafstörungen
- ☐ Durchschlaftstörungen
- ☐ Früherwachen

So fühle ich mich im Moment:

- ☐ Energie ___ / 10   Anspannung   ___ / 10
- ☐ Freude ___ / 10   Traurigkeit   ___ / 10
- ☐ Antrieb ___ / 10   Verzweiflung   ___ / 10

Ich bin stolz auf mich weil;

_____

_____

_____

_____

Diese drei Dinge würde ich heute gern schaffen:

1._____ Dringlichkeit ____/10

2._____ Dringlichkeit ____/10

3._____ Dringlichkeit ____/10

Nummer .... ist am Dringlichsten weil,

_____

_____

Wenn ich das erledigt habe, gönne ich mir etwas Gutes:

_____

_____

Ausserdem sind heute meine festen Termine:

Zeit	Um was geht es?	Zeit	Um was geht es?
_____	_____	_____	_____
Zeit	Um was geht es?	Zeit	Um was geht es?
_____	_____	_____	_____
Zeit	Um was geht es?	Zeit	Um was geht es?
_____	_____	_____	_____
Zeit	Um was geht es?	Zeit	Um was geht es?
_____	_____	_____	_____

Ich werde zu diesen Zeitpunkten Pause machen:

Vormittag von _____ Uhr bis _____Uhr

Mittag von _____ Uhr bis _____Uhr

Nachmittag von _____ Uhr bis _____Uhr

Um diese Zeit werde ich aufhören zu Arbeiten oder Pflichten zu erledigen, dafür läute ich um _____ Uhr den Feierabend ein.

Das werde ich heute Abend machen um mich zu erholen und zu entspannen:

_____

_____

_____

_____

_____

Raum für Gedanken und Notizen:

_____

_____

_____

_____

_____

Es ist Abend, der Tag
neigt sich dem Ende zu....

Das habe ich heute tatsächlich gemacht:

_____   _____

_____   _____

_____   _____

_____   _____

Ich habe mich heute gefreut über:

_____

_____

_____

Darüber habe ich mich heute geärgert:

_____

_____

_____

Hier hätte ich „Nein" sagen müssen, weil ich nicht an mich gedacht habe:

_____

_____

_____

_____

_____

_____

Wann ging es mir heute besonders gut und warum?

_____

_____

_____

_____

Auf was ich mich morgen freue:

_____

_____

_____

_____

Das werde ich morgen anders machen als heute:

_____

_____

_____

So fühle ich mich im Moment:

☐ Energie ___ / 10   Anspannung ___ / 10
☐ Freude ___ / 10   Traurigkeit ___ / 10
☐ Antrieb ___ / 10   Verzweiflung ___ / 10

Das hat mich heute gedanklich am meisten beschäftigt:

_____

_____

_____

_____

_____

_____

_____

_____

_____

_____

...und diese Gedanken lasse ich jetzt an mir vorbeiziehen, weil ich auch morgen noch darüber nachdenken kann.

Ein neuer Tag beginnt........

Datum _____   Heute aufgestanden um _____Uhr

Wochentag _____   Schlafdauer insgesamt_____Stunden

So habe ich geschlafen: gut oder   schlecht, weil ich

- ☐ Alpträume   hatte
- ☐ Einschlafstörungen
- ☐ Durchschlaftstörungen
- ☐ Früherwachen

So fühle ich mich im Moment:

- ☐ Energie ___ / 10   Anspannung   ___ / 10
- ☐ Freude ___ / 10   Traurigkeit   ___ / 10
- ☐ Antrieb ___ / 10   Verzweiflung   ___ / 10

Ich bin stolz auf mich weil;

_____

_____

_____

_____

Diese drei Dinge würde ich heute gern schaffen:

1._____   Dringlichkeit ____/10

2._____   Dringlichkeit ____/10

3._____   Dringlichkeit ____/10

Nummer .... ist am Dringlichsten weil,

_____

_____

Wenn ich das erledigt habe, gönne ich mir etwas Gutes:

_____

_____

Ausserdem sind heute meine festen Termine:

Zeit	Um was geht es?	Zeit	Um was geht es?
_____	_____	_____	_____
Zeit	Um was geht es?	Zeit	Um was geht es?
_____	_____	_____	_____
Zeit	Um was geht es?	Zeit	Um was geht es?
_____	_____	_____	_____
Zeit	Um was geht es?	Zeit	Um was geht es?
_____	_____	_____	_____

Ich werde zu diesen Zeitpunkten Pause machen:

Vormittag von _____ Uhr bis _____Uhr

Mittag von _____ Uhr bis _____Uhr

Nachmittag von _____ Uhr bis _____Uhr

Um diese Zeit werde ich aufhören zu Arbeiten oder Pflichten zu erledigen, dafür läute ich um _____ Uhr den Feierabend ein.

Das werde ich heute Abend machen um mich zu erholen und zu entspannen:

_____

_____

_____

_____

_____

Raum für Gedanken und Notizen:

_____

_____

_____

_____

_____

Es ist Abend, der Tag neigt sich dem Ende zu....

Das habe ich heute tatsächlich gemacht:

_____   _____
_____   _____
_____   _____
_____   _____

Ich habe mich heute gefreut über:

_____
_____
_____

Darüber habe ich mich heute geärgert:

_____
_____
_____

Hier hätte ich „Nein" sagen müssen, weil ich nicht an mich gedacht habe:

_____

_____

_____

_____

_____

_____

Wann ging es mir heute besonders gut und warum?

_____

_____

_____

_____

Auf was ich mich morgen freue:

_____

_____

_____

_____

Das werde ich morgen anders machen als heute:

_____

_____

_____

So fühle ich mich im Moment:

- ☐ Energie ___ / 10   Anspannung ___ / 10
- ☐ Freude ___ / 10   Traurigkeit ___ / 10
- ☐ Antrieb ___ / 10   Verzweiflung ___ / 10

Das hat mich heute gedanklich am meisten beschäftigt:

_____

_____

_____

_____

_____

_____

_____

_____

_____

_____

_____

...und diese Gedanken lasse ich jetzt an mir vorbeiziehen, weil ich auch morgen noch darüber nachdenken kann.

Ein neuer Tag beginnt........

Datum _____   Heute aufgestanden um _____Uhr

Wochentag _____   Schlafdauer insgesamt_____Stunden

So habe ich geschlafen: gut oder   schlecht, weil ich

- ☐ Alpträume   hatte
- ☐ Einschlafstörungen
- ☐ Durchschlaftstörungen
- ☐ Früherwachen

So fühle ich mich im Moment:

- ☐ Energie ___ / 10   Anspannung   ___ / 10
- ☐ Freude ___ / 10   Traurigkeit   ___ / 10
- ☐ Antrieb ___ / 10   Verzweiflung ___ / 10

Ich bin stolz auf mich weil;

_____

_____

_____

_____

Diese drei Dinge würde ich heute gern schaffen:

1._____ Dringlichkeit ____/10

2._____ Dringlichkeit ____/10

3._____ Dringlichkeit ____/10

Nummer .... ist am Dringlichsten weil,

_____

_____

Wenn ich das erledigt habe, gönne ich mir etwas Gutes:

_____

_____

Ausserdem sind heute meine festen Termine:

Zeit	Um was geht es?	Zeit	Um was geht es?
_____	_____	_____	_____
Zeit	Um was geht es?	Zeit	Um was geht es?
_____	_____	_____	_____
Zeit	Um was geht es?	Zeit	Um was geht es?
_____	_____	_____	_____
Zeit	Um was geht es?	Zeit	Um was geht es?
_____	_____	_____	_____

Ich werde zu diesen Zeitpunkten Pause machen:

Vormittag von _____ Uhr bis _____Uhr

Mittag von _____ Uhr bis _____Uhr

Nachmittag von _____ Uhr bis _____Uhr

Um diese Zeit werde ich aufhören zu Arbeiten oder Pflichten zu erledigen,
dafür läute ich um _____ Uhr den Feierabend ein.

Das werde ich heute Abend machen um mich zu erholen und zu entspannen:

_____

_____

_____

_____

_____

Raum für Gedanken und Notizen:

_____

_____

_____

_____

_____

Es ist Abend, der Tag
neigt sich dem Ende zu....

Das habe ich heute tatsächlich gemacht:

_____   _____
_____   _____
_____   _____
_____   _____

Ich habe mich heute gefreut über:

_____
_____
_____

Darüber habe ich mich heute geärgert:

_____
_____
_____

Hier hätte ich „Nein" sagen müssen, weil ich nicht an mich gedacht habe:

_____

_____

_____

_____

_____

_____

Wann ging es mir heute besonders gut und warum?

_____

_____

_____

_____

Auf was ich mich morgen freue:

_____

_____

_____

_____

Das werde ich morgen anders machen als heute:

_____

_____

_____

So fühle ich mich im Moment:

☐ Energie ___ / 10   Anspannung ___ / 10
☐ Freude ___ / 10   Traurigkeit ___ / 10
☐ Antrieb ___ / 10   Verzweiflung ___ / 10

Das hat mich heute gedanklich am meisten beschäftigt:

_____

_____

_____

_____

_____

_____

_____

_____

_____

_____

...und diese Gedanken lasse ich jetzt an mir vorbeiziehen, weil ich auch morgen noch darüber nachdenken kann.

Ein neuer Tag beginnt........

Datum _____   Heute aufgestanden um _____Uhr

Wochentag _____   Schlafdauer insgesamt_____Stunden

So habe ich geschlafen: gut oder   schlecht, weil ich

☐ Alpträume   hatte

☐ Einschlafstörungen

☐ Durchschlaftstörungen

☐ Früherwachen

So fühle ich mich im Moment:

☐ Energie ___ / 10   Anspannung   ___ / 10

☐ Freude ___ / 10   Traurigkeit   ___ / 10

☐ Antrieb ___ / 10   Verzweiflung   ___ / 10

Ich bin stolz auf mich weil;

_____

_____

_____

_____

Diese drei Dinge würde ich heute gern schaffen:

1._____ Dringlichkeit ____/10

2._____ Dringlichkeit ____/10

3._____ Dringlichkeit ____/10

Nummer .... ist am Dringlichsten weil,

_____

_____

Wenn ich das erledigt habe, gönne ich mir etwas Gutes:

_____

_____

Ausserdem sind heute meine festen Termine:

Zeit	Um was geht es?	Zeit	Um was geht es?
_____	_____	_____	_____
Zeit	Um was geht es?	Zeit	Um was geht es?
_____	_____	_____	_____
Zeit	Um was geht es?	Zeit	Um was geht es?
_____	_____	_____	_____
Zeit	Um was geht es?	Zeit	Um was geht es?
_____	_____	_____	_____

Ich werde zu diesen Zeitpunkten Pause machen:

Vormittag von _____ Uhr bis _____Uhr

Mittag von _____ Uhr bis _____Uhr

Nachmittag von _____ Uhr bis _____Uhr

Um diese Zeit werde ich aufhören zu Arbeiten oder Pflichten zu erledigen, dafür läute ich um _____ Uhr den Feierabend ein.

Das werde ich heute Abend machen um mich zu erholen und zu entspannen:

_____

_____

_____

_____

_____

Raum für Gedanken und Notizen:

_____

_____

_____

_____

_____

Es ist Abend, der Tag neigt sich dem Ende zu....

Das habe ich heute tatsächlich gemacht:

_____   _____

_____   _____

_____   _____

_____   _____

Ich habe mich heute gefreut über:

_____

_____

_____

Darüber habe ich mich heute geärgert:

_____

_____

_____

Hier hätte ich „Nein" sagen müssen, weil ich nicht an mich gedacht habe:

_____

_____

_____

_____

_____

_____

Wann ging es mir heute besonders gut und warum?

_____

_____

_____

_____

Auf was ich mich morgen freue:

_____

_____

_____

_____

Das werde ich morgen anders machen als heute:

_____

_____

_____

So fühle ich mich im Moment:

- ☐ Energie ___ / 10   Anspannung   ___ / 10
- ☐ Freude ___ / 10   Traurigkeit   ___ / 10
- ☐ Antrieb ___ / 10   Verzweiflung   ___ / 10

Das hat mich heute gedanklich am meisten beschäftigt:

_____

_____

_____

_____

_____

_____

_____

_____

_____

_____

_____

...und diese Gedanken lasse ich jetzt an mir vorbeiziehen, weil ich auch morgen noch darüber nachdenken kann.

Ein neuer Tag beginnt........

Datum _____   Heute aufgestanden um _____Uhr

Wochentag _____   Schlafdauer insgesamt_____Stunden

So habe ich geschlafen: gut oder   schlecht, weil ich

☐   Alpträume   hatte

☐   Einschlafstörungen

☐   Durchschlaftstörungen

☐   Früherwachen

So fühle ich mich im Moment:

☐   Energie ___ / 10   Anspannung   ___ / 10

☐   Freude ___ / 10   Traurigkeit   ___ / 10

☐   Antrieb ___ / 10   Verzweiflung ___ / 10

Ich bin stolz auf mich weil;

_____

_____

_____

_____

Diese drei Dinge würde ich heute gern schaffen:

1._____   Dringlichkeit ___/10

2._____   Dringlichkeit ___/10

3._____   Dringlichkeit ___/10

Nummer .... ist am Dringlichsten weil,

_____

_____

Wenn ich das erledigt habe, gönne ich mir etwas Gutes:

_____

_____

Ausserdem sind heute meine festen Termine:

Zeit	Um was geht es?	Zeit	Um was geht es?
_____	_____	_____	_____
Zeit	Um was geht es?	Zeit	Um was geht es?
_____	_____	_____	_____
Zeit	Um was geht es?	Zeit	Um was geht es?
_____	_____	_____	_____
Zeit	Um was geht es?	Zeit	Um was geht es?
_____	_____	_____	_____

Ich werde zu diesen Zeitpunkten Pause machen:

Vormittag von _ _ _ _ _ Uhr bis _ _ _ _ _ _ _Uhr

Mittag von _ _ _ _ _ Uhr bis _ _ _ _ _ _ _Uhr

Nachmittag von _ _ _ _ _ Uhr bis _ _ _ _ _ _ _Uhr

Um diese Zeit werde ich aufhören zu Arbeiten oder Pflichten zu erledigen, dafür läute ich um _ _ _ _ _ _ _ _ _ _ _ _ _ Uhr den Feierabend ein.

Das werde ich heute Abend machen um mich zu erholen und zu entspannen:

_____

_____

_____

_____

_____

Raum für Gedanken und Notizen:

_____

_____

_____

_____

_____

Es ist Abend, der Tag
neigt sich dem Ende zu....

Das habe ich heute tatsächlich gemacht:

_____ _____

_____ _____

_____ _____

_____ _____

Ich habe mich heute gefreut über:

_____

_____

_____

Darüber habe ich mich heute geärgert:

_____

_____

_____

Hier hätte ich „Nein" sagen müssen, weil ich nicht an mich gedacht habe:

_____

_____

_____

_____

_____

_____

Wann ging es mir heute besonders gut und warum?

_____

_____

_____

_____

Auf was ich mich morgen freue:

_____

_____

_____

_____

Das werde ich morgen anders machen als heute:

_____

_____

_____

So fühle ich mich im Moment:

☐ Energie ___ / 10   Anspannung ___ / 10
☐ Freude ___ / 10   Traurigkeit ___ / 10
☐ Antrieb ___ / 10   Verzweiflung ___ / 10

Das hat mich heute gedanklich am meisten beschäftigt:

_____

_____

_____

_____

_____

_____

_____

_____

_____

_____

...und diese Gedanken lasse ich jetzt an mir vorbeiziehen, weil ich auch morgen noch darüber nachdenken kann.

Ein neuer Tag beginnt........

Datum _____   Heute aufgestanden um _____Uhr

Wochentag _____   Schlafdauer insgesamt_____Stunden

So habe ich geschlafen: gut oder   schlecht, weil ich

- ☐ Alpträume   hatte
- ☐ Einschlafstörungen
- ☐ Durchschlaftstörungen
- ☐ Früherwachen

So fühle ich mich im Moment:

- ☐ Energie ___ / 10   Anspannung   ___ / 10
- ☐ Freude ___ / 10   Traurigkeit   ___ / 10
- ☐ Antrieb ___ / 10   Verzweiflung   ___ / 10

Ich bin stolz auf mich weil;

_____

_____

_____

_____

Diese drei Dinge würde ich heute gern schaffen:

1._____   Dringlichkeit ___/10

2._____   Dringlichkeit ___/10

3._____   Dringlichkeit ___/10

Nummer .... ist am Dringlichsten weil,

_____

_____

Wenn ich das erledigt habe, gönne ich mir etwas Gutes:

_____

_____

Ausserdem sind heute meine festen Termine:

Zeit	Um was geht es?	Zeit	Um was geht es?
_____	_____	_____	_____
Zeit	Um was geht es?	Zeit	Um was geht es?
_____	_____	_____	_____
Zeit	Um was geht es?	Zeit	Um was geht es?
_____	_____	_____	_____
Zeit	Um was geht es?	Zeit	Um was geht es?
_____	_____	_____	_____

Ich werde zu diesen Zeitpunkten Pause machen:

Vormittag von _____ Uhr bis _____Uhr

Mittag von _____ Uhr bis _____Uhr

Nachmittag von _____ Uhr bis _____Uhr

Um diese Zeit werde ich aufhören zu Arbeiten oder Pflichten zu erledigen,
dafür läute ich um _____ Uhr den Feierabend ein.

Das werde ich heute Abend machen um mich zu erholen und zu entspannen:

_____

_____

_____

_____

_____

Raum für Gedanken und Notizen:

_____

_____

_____

_____

_____

Es ist Abend, der Tag
neigt sich dem Ende zu....

Das habe ich heute tatsächlich gemacht:

_____   _____

_____   _____

_____   _____

_____   _____

Ich habe mich heute gefreut über:

_____

_____

_____

Darüber habe ich mich heute geärgert:

_____

_____

_____

Hier hätte ich „Nein" sagen müssen, weil ich nicht an mich gedacht habe:

_____

_____

_____

_____

_____

_____

Wann ging es mir heute besonders gut und warum?

_____

_____

_____

_____

Auf was ich mich morgen freue:

_____

_____

_____

_____

Das werde ich morgen anders machen als heute:

_____

_____

_____

So fühle ich mich im Moment:

☐ Energie ___ / 10   Anspannung ___ / 10
☐ Freude ___ / 10   Traurigkeit ___ / 10
☐ Antrieb ___ / 10   Verzweiflung ___ / 10

Das hat mich heute gedanklich am meisten beschäftigt:

_____

_____

_____

_____

_____

_____

_____

_____

_____

_____

_____

...und diese Gedanken lasse ich jetzt an mir vorbeiziehen, weil ich auch morgen noch darüber nachdenken kann.

Ein neuer Tag beginnt........

Datum _____   Heute aufgestanden um _____Uhr

Wochentag _____   Schlafdauer insgesamt_____Stunden

So habe ich geschlafen: gut oder   schlecht, weil ich

- ☐ Alpträume   hatte
- ☐ Einschlafstörungen
- ☐ Durchschlaftstörungen
- ☐ Früherwachen

So fühle ich mich im Moment:

- ☐ Energie ___ / 10   Anspannung   ___ / 10
- ☐ Freude ___ / 10   Traurigkeit   ___ / 10
- ☐ Antrieb ___ / 10   Verzweiflung   ___ / 10

Ich bin stolz auf mich weil;

_____

_____

_____

_____

Diese drei Dinge würde ich heute gern schaffen:

1._____ Dringlichkeit ___/10

2._____ Dringlichkeit ___/10

3._____ Dringlichkeit ___/10

Nummer .... ist am Dringlichsten weil,

_____

_____

Wenn ich das erledigt habe, gönne ich mir etwas Gutes:

_____

_____

Ausserdem sind heute meine festen Termine:

Zeit	Um was geht es?	Zeit	Um was geht es?
_____	_____	_____	_____

Zeit	Um was geht es?	Zeit	Um was geht es?
_____	_____	_____	_____

Zeit	Um was geht es?	Zeit	Um was geht es?
_____	_____	_____	_____

Zeit	Um was geht es?	Zeit	Um was geht es?
_____	_____	_____	_____

Ich werde zu diesen Zeitpunkten Pause machen:

Vormittag von _____ Uhr bis _____Uhr

Mittag von _____ Uhr bis _____Uhr

Nachmittag von _____ Uhr bis _____Uhr

Um diese Zeit werde ich aufhören zu Arbeiten oder Pflichten zu erledigen, dafür läute ich um _____ Uhr den Feierabend ein.

Das werde ich heute Abend machen um mich zu erholen und zu entspannen:

_____

_____

_____

_____

_____

Raum für Gedanken und Notizen:

_____

_____

_____

_____

_____

Es ist Abend, der Tag
neigt sich dem Ende zu....

Das habe ich heute tatsächlich gemacht:

_____   _____

_____   _____

_____   _____

_____   _____

Ich habe mich heute gefreut über:

_____

_____

_____

Darüber habe ich mich heute geärgert:

_____

_____

_____

Hier hätte ich „Nein" sagen müssen, weil ich nicht an mich gedacht habe:

_____

_____

_____

_____

_____

_____

Wann ging es mir heute besonders gut und warum?

_____

_____

_____

_____

Auf was ich mich morgen freue:

_____

_____

_____

_____

Das werde ich morgen anders machen als heute:

_____

_____

_____

So fühle ich mich im Moment:

☐ Energie ___ / 10   Anspannung   ___ / 10

☐ Freude ___ / 10   Traurigkeit   ___ / 10

☐ Antrieb ___ / 10   Verzweiflung ___ / 10

Das hat mich heute gedanklich am meisten beschäftigt:

_____

_____

_____

_____

_____

_____

_____

_____

_____

_____

_____

...und diese Gedanken lasse ich jetzt an mir vorbeiziehen, weil ich auch morgen noch darüber nachdenken kann.

Ein neuer Tag beginnt........

Datum _____   Heute aufgestanden um _____Uhr

Wochentag _____   Schlafdauer insgesamt_____Stunden

So habe ich geschlafen: gut oder   schlecht, weil ich

- ☐ Alpträume   hatte
- ☐ Einschlafstörungen
- ☐ Durchschlaftstörungen
- ☐ Früherwachen

So fühle ich mich im Moment:

- ☐ Energie ___ / 10   Anspannung   ___ / 10
- ☐ Freude ___ / 10   Traurigkeit   ___ / 10
- ☐ Antrieb ___ / 10   Verzweiflung ___ / 10

Ich bin stolz auf mich weil;

_____

_____

_____

_____

Diese drei Dinge würde ich heute gern schaffen:

1._____ Dringlichkeit ___/10

2._____ Dringlichkeit ___/10

3._____ Dringlichkeit ___/10

Nummer .... ist am Dringlichsten weil,

_____

_____

Wenn ich das erledigt habe, gönne ich mir etwas Gutes:

_____

_____

Ausserdem sind heute meine festen Termine:

Zeit	Um was geht es?	Zeit	Um was geht es?
_____	_____	_____	_____
Zeit	Um was geht es?	Zeit	Um was geht es?
_____	_____	_____	_____
Zeit	Um was geht es?	Zeit	Um was geht es?
_____	_____	_____	_____
Zeit	Um was geht es?	Zeit	Um was geht es?
_____	_____	_____	_____

Ich werde zu diesen Zeitpunkten Pause machen:

Vormittag von _____ Uhr bis _____Uhr

Mittag von _____ Uhr bis _____Uhr

Nachmittag von _____ Uhr bis _____Uhr

Um diese Zeit werde ich aufhören zu Arbeiten oder Pflichten zu erledigen, dafür läute ich um _____ Uhr den Feierabend ein.

Das werde ich heute Abend machen um mich zu erholen und zu entspannen:

_____

_____

_____

_____

_____

Raum für Gedanken und Notizen:

_____

_____

_____

_____

_____

Es ist Abend, der Tag neigt sich dem Ende zu....

Das habe ich heute tatsächlich gemacht:

_____   _____

_____   _____

_____   _____

_____   _____

Ich habe mich heute gefreut über:

_____

_____

_____

Darüber habe ich mich heute geärgert:

_____

_____

_____

Hier hätte ich „Nein" sagen müssen, weil ich nicht an mich gedacht habe:

_____

_____

_____

_____

_____

_____

Wann ging es mir heute besonders gut und warum?

_____

_____

_____

_____

Auf was ich mich morgen freue:

_____

_____

_____

_____

Das werde ich morgen anders machen als heute:

_____

_____

_____

So fühle ich mich im Moment:

- ☐ Energie ___ / 10   Anspannung ___ / 10
- ☐ Freude ___ / 10   Traurigkeit ___ / 10
- ☐ Antrieb ___ / 10   Verzweiflung ___ / 10

Das hat mich heute gedanklich am meisten beschäftigt:

_____

_____

_____

_____

_____

_____

_____

_____

_____

_____

_____

...und diese Gedanken lasse ich jetzt an mir vorbeiziehen, weil ich auch morgen noch darüber nachdenken kann.

Ein neuer Tag beginnt........

Datum _____   Heute aufgestanden um _____Uhr

Wochentag _____   Schlafdauer insgesamt_____Stunden

So habe ich geschlafen: gut oder   schlecht, weil ich

- ☐ Alpträume   hatte
- ☐ Einschlafstörungen
- ☐ Durchschlaftstörungen
- ☐ Früherwachen

So fühle ich mich im Moment:

- ☐ Energie ___ / 10   Anspannung   ___ / 10
- ☐ Freude ___ / 10   Traurigkeit   ___ / 10
- ☐ Antrieb ___ / 10   Verzweiflung   ___ / 10

Ich bin stolz auf mich weil;

_____

_____

_____

_____

Diese drei Dinge würde ich heute gern schaffen:

1._____   Dringlichkeit ___/10

2._____   Dringlichkeit ___/10

3._____   Dringlichkeit ___/10

Nummer .... ist am Dringlichsten weil,

_____

_____

Wenn ich das erledigt habe, gönne ich mir etwas Gutes:

_____

_____

Ausserdem sind heute meine festen Termine:

Zeit	Um was geht es?	Zeit	Um was geht es?
_____	_____	_____	_____
Zeit	Um was geht es?	Zeit	Um was geht es?
_____	_____	_____	_____
Zeit	Um was geht es?	Zeit	Um was geht es?
_____	_____	_____	_____
Zeit	Um was geht es?	Zeit	Um was geht es?
_____	_____	_____	_____

Ich werde zu diesen Zeitpunkten Pause machen:

Vormittag von _____ Uhr bis _____Uhr

Mittag von _____ Uhr bis _____Uhr

Nachmittag von _____ Uhr bis _____Uhr

Um diese Zeit werde ich aufhören zu Arbeiten oder Pflichten zu erledigen, dafür läute ich um _____ Uhr den Feierabend ein.

Das werde ich heute Abend machen um mich zu erholen und zu entspannen:

_____

_____

_____

_____

_____

Raum für Gedanken und Notizen:

_____

_____

_____

_____

_____

Es ist Abend, der Tag neigt sich dem Ende zu....

Das habe ich heute tatsächlich gemacht:

_____   _____

_____   _____

_____   _____

_____   _____

Ich habe mich heute gefreut über:

_____

_____

_____

Darüber habe ich mich heute geärgert:

_____

_____

_____

Hier hätte ich „Nein" sagen müssen, weil ich nicht an mich gedacht habe:

_____

_____

_____

_____

_____

_____

Wann ging es mir heute besonders gut und warum?

_____

_____

_____

_____

Auf was ich mich morgen freue:

_____

_____

_____

_____

Das werde ich morgen anders machen als heute:

_____

_____

_____

So fühle ich mich im Moment:

☐ Energie ___ / 10   Anspannung   ___ / 10
☐ Freude ___ / 10   Traurigkeit   ___ / 10
☐ Antrieb ___ / 10   Verzweiflung ___ / 10

Das hat mich heute gedanklich am meisten beschäftigt:

_____
_____
_____
_____
_____
_____
_____
_____
_____
_____
_____

...und diese Gedanken lasse ich jetzt an mir vorbeiziehen, weil ich auch morgen noch darüber nachdenken kann.

Weitere Veröffentlichungen

von Doreen Schmidt

„Das Tagebuch gegen Depressionen"

Ein Tagebuch für depressive Menschen, die ihre Symptome

verbessern möchten.

„Stimmungstagebuch für Borderliner"

Das Tagebuch für Borderliner, die ihre Emotionen, Gedanken und

Anspannungen im Blick behalten wollen.

„Mein Therapietagebuch"

Erfassung von Daten, Inhalten, Ergebnisse und Fragen für Deine

Therapiesitzungen.

„Mein Tagesplan. Eine spezielle Hilfe gegen Antriebsprobleme,,

—ein Ergänzungsbuch –

Möglichkeit Deinen Tag genau zu strukturieren, sich Ziele zu setzen, die

man erreichen kann. Den Antrieb durch Planung zu steigern.